抱歉，當時不該這麼對你說

給每次說出口就後悔的你

그때 그렇게 말해서 미안해

朴民榮 박민영—著　陳彥樺—譯

前言　滋養花朵的是雨水，而不是雷聲

幸福，從「一句話」開始

從事溝通培訓師多年，我遇見了很多人，因為他們，促使我決定寫下這本書。超乎想像的是，竟然有這麼多人在溝通上遇到了困難。有些人煩惱哪些話該說或不該說；有些人則因為「溝通」，在職場、感情及家庭裡發生衝突；有些人講話沒自信、做事猶豫不決；有些人則說話過於誠實，總令對方感到驚慌失措；有些人害怕對方拒絕，不敢靠近對方，甚至有人會問：人際關係重要嗎？乾脆，直接漠視。

其中，有些人透露自己對過去說過的話感到懊悔，因為自己的疏失，讓他們錯失原有的人際關係，故希望可以了解與人相處之道。如同哈佛大學尚恩·艾科爾教授曾說過的一句話：「幸福雖可由各自定義，但讓人感到幸福的因素卻是全世界皆同。那便是對社會的深刻連結。」從人與人之間的關係和連結中找尋幸福，即是我們的本能。

因此，我決定寫下這本書。若是他們學會了如何與人自然談話、分享情感、坦蕩表現自己、調整並控制自我情感，也許會過得更幸福。

剛著手時，曾遇各種瓶頸困難。印第安人有一句俗言：「在穿上他的鞋子走一英里之前，不要隨意評判他。」每個人都有天生的個人特質、性向、成長過程、家庭背景、價值觀，對自身的理解也各不相同，觀看世界的角度亦理當不同，所以在「對話」這件事情上，沒有所謂的正確答案。

不過，這也是為什麼我們要持續學習說話技巧的原因。世界上的每一個人都是獨立的個體，所以對於如何理解和對待他人的方法，便會是我們持續不斷的追求。

愛自己也愛別人的語言

本書想要探討的是幾乎每天見面的最親密關係裡的溝通問題及其解決方法，如：夫妻之間、戀人之間、親子之間，以及職場上司與下屬之間。我希望這本書能夠安慰到廣大讀者們，唯有雙方的認知契合，彼此才能過得健康幸福，互相擁有正面積極的想法及溝通，因此，我會以讀者的立場探究。

此外，我也會不時地提出忠言逆耳的建議。如同猶太人的至理名言：「馬在鬆軟的土地上易失蹄，人在甜言蜜語中易摔跤。」一樣，我們需要透過反思自己的說話習慣，邁向更好的生活未來。

總而言之，我撰寫此書的最終目的是提供讀者學習說話的技巧。自我主見訓練師赫伯特．芬斯特海姆曾說：「自我表達的程度決定了自尊心高度。」希望各位讀者們閱覽本書後能夠勇於表達自我，並創造雙方美滿幸福的溝通之旅。

撰寫期間，我亦發現自己其實與父母家人、職場同事之間的溝通仍有不足之處，於是擔憂自己有資格出這本書嗎？而經自我分析後，更加確信要從自己改變，花更多的時間細心照顧身邊的人們。

大家應以錯誤的示範為借鏡，減少發生的機會。耗費七個多月，犧牲每一週的假日時光，致力完成它後，我發現原來「我也有發展的可能性，有那麼一點寫文的天分。」再次喜歡上自己。

現在換你了。雖然尚有許多不足之地，仍希望能夠幫助你們改善說話習慣方式，或加強待人處事的能力，與人能更順暢地溝通交流。

提高用字的水平，而不是聲音。滋養花朵的是雨水，而不是雷聲。

上句來自波斯詩人魯米的名言。祝大家早日可以和親愛的人們和平相處。

感謝一路陪伴我的媽媽、我的丈夫明浩、袁民、惠妍，以及協助本書出版的books-garden出版社。

二〇二〇年四月

朴民榮

Contents

CHAPTER 1 如果可以回到當時

CHAPTER 2 無法忘懷的那句話

CHAPTER 3 不是這樣的，我不是這麼想的

CHAPTER 1

如果可以回到當時

非得要我說出口你才知道嗎？

一起生活後才會知道的大小事

智英和男友從大學開始交往，在八年後結婚了。隨著一起生活的時間變長，彼此之間的關係雖然沒有太大的變化，但變得更有趣了。原以為彼此都早已看透了對方，沒想到結婚後竟看見各自新的樣貌。甜蜜的新婚期，一切如夢境般美好。

但，結婚是一場現實。結婚前，智英的媽媽主動幫她照料的每一件事，現在都要換她做了。結婚後，她才理解到什麼叫做長大成人，什麼是家庭的責任，尤其是在「家事」這件事上。

智英不能忍受任何髒亂，也許是受到親生母親的影響，她有潔癖的傾向，每天都要打掃家裡。每當智英心情不好時，她就會擦地板發洩，彷彿壞心情也跟著一掃而空。她以為在戀愛時已充分展現出自己愛乾淨的一面，所以結婚之後，丈夫也當然地會跟著她一起變成愛乾淨的人。

然而丈夫實際的想法是「家裡已經很乾淨，為什麼又要打掃？」對家事一點也不感興趣。智英本以「丈夫平時上班忙碌，無法做家事」藉口，自己一個人默默地做好全部的家事。但在她心中，卻一點一滴累積各種不滿，例如：「他每次吃完早餐為什麼都不趕緊洗碗？是要我洗的意思嗎？」、「為什麼亂丟脫掉的襪子？不是跟他說過好幾次要丟進洗衣桶裡了嗎？是在無視我說的話嗎？」而假如智英上班時受到了壓力，那些天的火氣就會更大。

智英：「親愛的，你都看不到髒亂嗎？」

丈夫：「喔？是嗎？髒嗎？」

智英：「在我下班回到家之前，你不能主動清理一下嗎？」

丈夫：「很乾淨啊！等你回來再一起弄。」

智英：「為什麼每次都要等我回來之後？」

丈夫：「好啦！我知道了。」

智英碎念完後，丈夫仍然不以為意，撒個嬌糊弄過去，於是造成之後的衝突。某天，兩人採購完回到家後，大吵了一架。

智英：「穿過的衣服怎麼能丟在床上？很髒耶！」

丈夫：「這套衣服今天第一次穿耶！」

智英：「剛穿出門了啊！怎麼一點衛生觀念都沒有？」

丈夫：「你說什麼？」

智英：「算了，和你這種人結婚是我的錯。」

丈夫：「什麼？說什麼話啊？」

和丈夫大吵一架後，智英感到意志消沉。

「我第一次看到丈夫這麼生氣。雖然一開始我也被惹火，跟著他一起大吵，但事後想一想，是我講話太過分了。回想起來，兩人在一起時是最有趣、最幸福的時光。都怪我，是我以自己的標準期望他能做到，結果養成了責怪他人的壞習慣，該怎麼辦？」

不說沒人懂

夫妻關係常被誤認為就算不說對方也會懂，但其實夫妻之間最難了解彼此的心思。如同智英的案例，某一方都希望另一半能讀懂自己的眼神，自動自發地行動。他們的心態是「連這點小事都要說出來才會懂嗎？」、「都在一起這麼久了，該知道我的作風了吧？」希望對方能夠做出自己期望的舉動。

但如果不以語言或肢體動作表現，沒有人會知道另一個人心裡在想什麼。大家對整潔的標準不同，不說怎麼會知道？即使是家人，同樣也需要表露自我想法，對方才能知道你的需求。

智英的理想型是不須請求，亦能幫她辦得妥當的人。每一次，當丈夫看似需要什麼的時候，她都會主動向前幫忙；然而，丈夫總是未能主動幫她，讓她非常傷心難過。於是，她會這麼對丈夫說：「你每次都忘記我拜託的事情，要我說好多次，搞得我很嘮叨似的。我說的話你都沒在聽嗎？」

丈夫不是沒在聽，只是覺得這件事不重要，感受不到必要性。所以，請收起期待對方主動行動的心，具體講出你的想法吧！

唯須注意一點，關係越親密，越須遵守禮儀。輕鬆自在不等於沒禮貌。一般人從一個關係不是那麼要好的人那裡聽到自己的壞話時，不會太在意；反之，若是聽到家人說自己的不是，則會傷得很深。有句話說：「『三十秒』的話語，會藏進心裡『三十年』。」無論是刻意或無心的疏失皆有可能傷害到對方。

最重要的是必須提醒自己下次別再重複相同的疏失。夫妻吵架時，若是說出「是我笨，才和你這種人結婚。」、「我們分手吧！」、「我們離婚吧！」等話，結果一定會是兩敗俱傷。因此，以下提供五種請求對方幫忙的說話方式。

早點說出請求

假設智英看不過丈夫慵懶的模樣，應該早點對他說，不要等受傷後再來追究，早點說請求並給對方「心理準備」的時間。先在腦海裡思考自己想要的是什麼、想要對方什麼時候幫忙。想清楚後，在彼此心平氣和的時候嚴肅告知，減少對方糊弄過去的機會。另外，請求的同時設置時間限制也是不錯的方法：

「明天早餐吃完，房間裡的書櫃我想移到那裡。親愛的，你覺得如何？」

「最近好像比較少看書，如果搬到客廳，應該會增加看的機會。吃完早餐後，大約十一點開始動工，如何？」

「吃完飯後休息個一小時，再請你打掃一下廁所。」

若是在無預警之下說：「你怎麼都不會自己主動去做？」對方當然會一臉荒唐。

是拜託，不是命令

如果希望對方能夠聽取你的願望，那就必須注意自己說話的語氣。根據聲調的不同，對方的態度與結果也會不一樣。例如：「你自己晾衣服。」或「我剛叫你晾衣服了，為什麼沒有晾？」命令般的語氣會引起對方的不爽：「你覺得我什麼都沒做嗎？你是在抱怨我嗎？」或「我錯了嗎？為什麼只怪我？」命令或強求的語氣容易引起對方的負面情緒，最後往往免不了爭吵。

說話繞圈子只會造成誤會

有些人不喜歡直話直說，以為旁敲側擊，對方就能夠聽懂自己的意思。在不表達真實內心的狀況下，期待對方能聽懂意思，以致於當對方未能達成期待的時候容易產生不滿，而且期望越高，怒氣越大，累積一定的程度後必然產生誤會。不管是誰，都沒辦法主動看懂他人的心思。因此若是繞著圈子講話或以間接的方式訴求，對方很有可能會聽不懂你的意思，或者漠視你說的話。

「（高速公路上行駛中）不去休息站歇會兒，沒關係嗎？」

↓「去休息站歇會兒吧！」

「待在家好悶。」

↓「我們不出去吃嗎？」

「親愛的，你想喝咖啡嗎？」

↓「我想喝杯咖啡，幫我去買吧！」

不必一字一句解釋

不必向對方過度解釋為什麼要拜託他，或為什麼要做這件事，簡單地敘述自己想要對方幫忙做什麼即可。

親愛的，本來是昨天要跟你說，但忘記說了，要麻煩你幫我去跟鄰居道謝。前幾天隔壁鄰居送了一些水果過來，雖然還沒吃完，但還沒來得及跟他們道謝。我買了餅乾當回謝禮，我原本想明天過去一趟，但我實在沒空，所以想想還是覺得你幫我跑一趟好了，可以吧？

上段冗長的話可以簡略成下列這段：

親愛的，我有件事要拜託你。你可以幫我送餅乾給隔壁鄰居嗎？餅乾在鞋櫃旁邊，幫我跟他們說前幾天送的水果很好吃。

最後記得說謝謝

即使是一個小小的請求，當對方爽快答應的時候也要真心誠意地說一聲感謝。人出門在外，遇到各種大大小小的幫忙都會向對方表達謝意，但卻認為家人幫忙是天經地義，而忽略了一聲謝謝。向對方的誠意與努力表示感謝，以後他才會繼續開心答應你的請求，以下段對話為例：

A丈夫：「（打掃完家裡）呼，好累啊！」

妻子：「一週做一次有什麼累的？」

B丈夫：「（打掃完家裡）呼，好累啊！」

妻子：「你現在才知道我做家事有多累了吧？」

C丈夫：「（打掃完家裡）呼，好累啊！」

妻子：「哇，家裡變得好乾淨，這都是親愛的功勞。」

你想聽到什麼樣的回答呢？如果我的辛苦跟別人比不算什麼，那麼下次不會再想做同一件事了。關係越是親近，越需要感謝。即使不是物質上的犒賞，情感表達同樣會帶來備受尊重的感覺，下次就會更加努力地去做。

退一步的智慧

自覺說話習慣有問題之後，智英開始改善她的說話方式，提前且溫柔地拜託丈夫：「老公，我現在正在回家的路上，幫我打掃一下客廳。」、「吃完飯後幫我晾一下衣服。」另外，智英也會提早規劃週末的行程，事先跟丈夫講好請他做的事情，並注意自己說話的態度，不讓對方受傷。還有努力改正以自己的標準看待丈夫的行為。藉由此事，智英明白到自我標準不一定是正確的，每個人都有自己的原則，應該要協調與妥協。

在那之後，兩人共同制定原則，如：「購買掃地機器人」、「兩天打掃一次」、「週末吃完飯一小時內洗好碗」等。試著拋開自我慾望、期望，以及標準吧！

天啊，您長得真醜

吐出「內心話」

想到什麼就說什麼，真的好嗎？把自己的內心話不分時間地點、毫無保留、隨時說出來，很容易冒犯他人。如果只是自言自語，你想怎麼說都沒關係，沒人會聽見。可是，一段對話中，需要有一位話者及一位聽者，萬一不假思索說出來的一句話，聽者接收到的訊息與話者意圖不同，這句話的意思就可能會被扭曲、產生誤會，以及留下傷痕。

熙祖在男友發薪說要請客的那一天，與男友一同出外用餐。熙祖對餐廳的氛圍、員工的服務態度及附贈的小菜，都非常不滿意。

熙祖：「這家餐廳好像不怎麼樣，親愛的，你覺得呢？」

男友：「喔，我沒什麼感覺。」

熙祖：「小菜做得很隨便，員工態度不好，端過來都用丟的。」

男友：「是唷？」

當終於送上主餐辣炒雞時，熙祖忍不住說了：

熙祖：「天啊！這樣值三萬韓圜啊？量也太少了吧！難怪沒什麼客人。」

熙祖自作主張的發言讓男友的心情跟著變差，但她完全沒發現男友的臉色，繼續說：

熙祖：「那個，親愛的，你不打算換個髮型嗎？二八分的髮型好像大叔，我幫你找一個適合的髮型，好不好？幹嘛不說話？生氣了嗎？」

男友：「沒，我沒生氣。吃飯吧！」

熙祖：「親愛的，幹嘛這樣？我又沒說什麼……」

熙祖完完全全沒察覺到男友心情變差的原因，也不想知道。她自認為沒做錯什麼，不過是說話隨興了一點，是男友太敏感了。因為食物不好吃，所以說不好吃，有什麼錯？難道我們之間不能談論這些「不好吃」、「不親切」嗎？

無心的話，幹嘛那麼在意？

英卓的女友同樣因類似的問題而煩惱。英卓單身到三十歲後才交了第一任女友。因為家裡只有兄弟，英卓對女性毫無所知，而且他從小到大都讀男校，大學也唸理工，認識女性的機會更是難了。

好不容易認識了一個合作客戶的女職員，英卓談了人生的第一場戀愛。一開始，因為業務需求，他每天會打給女生兩三通電話，也會頻繁傳訊息和女生聊天，後來他鼓起勇氣告白成功，兩人於是順利交往。

英卓以為與理想型女生交往，未來只會有好日子，然某天起，兩人開始吵架，他卻不知道理由。

英卓：「明天前可以送路由器過來嗎？」

女友：「我要確認一下庫存，有可能沒了。」

英卓：「你應該要先留好我們的啊！這點小事都辦不到嗎？」

女友：「你不早點說，我怎麼知道要提前留？我是神嗎？連這都要提前預知嗎？」

英卓：「吼，我們合作多久了，應該知道我們何時會需要吧？你打算這樣在職場混嗎？」

女友：「有需要講成這樣嗎？親愛的，你懂我們公司的作業流程嗎？」

英卓：「我是擔心你，希望你下次能做好，減少這種事發生。」

女友：「怎樣？我哪裡做不好了？你為什麼總是說你想說的？如果換我跟你說：你這樣要怎麼在職場打滾、下次要做好等等的話，你心情會好嗎？」

英卓：「對不起，我錯了。我只是想趕快處理好設備，所以心急了。不是故意要傷你的，別生氣了，下次我說話會小心。」

女友：「我沒生氣好嘛！你真的知道錯在哪裡了嗎？」

英卓：「我不是道歉了，下次不會了。別生氣。」

女友：「不知道，我今天心受傷了，沒那麼快解氣，下次再說。」

英卓：「你現在是要跟我抬槓，是嗎？」

女友：「你說什麼？」

英卓吐出自己的內心話而不自知，並認為他說的這些話並非惡意，自己沒有錯，於是只好不斷表示自己「下次會小心說話」，希望這事就此打住。但女友仍不能釋懷，所以一不小心就提高音量對女友說：「你現在是要和我抬槓嗎？」

類似的情形一而再再而三地發生，女友開始對他產生了厭煩。

不久前，兩人說好要一起去旅行，但英卓卻因為公司業務突然變得繁忙而無法一起去旅行。當時英卓「裝作沒事」，說了很多讓女友傷心的話：

英卓：「抱歉，但也沒辦法啊！老實說，我沒去旅行也沒關係，不能去就算了。」

女友：「什麼話？是討厭和我出去旅行的意思嗎？」

英卓：「不是，我不是這個意思。我只是怕你傷心，所以開玩笑假裝沒事，幹嘛連這個都要生氣？」

「你長得真醜」不是誠實，是無禮

崔秀哲作家的小說《永生與消滅》裡出現下列文段：

彼此相愛的人們將名為「信任」的鋼材包覆於名為「耐心」的混凝土裡，建築屬於他們的家，裡面充滿了各種情感。然而，當冷風從外吹來，「耐心」便開始脫落，「信任」則會顯露於外，如此磨損後，家終究會倒塌。

相愛的人們最需要放在心上的話應該就是信任和耐心了吧！兩人相愛就應該相信對方的話、行為及周圍狀況。當有問題的言語及行為慢慢浮現之後，在互相磨合的過程中，一定會經歷衝突。假如讓兩人爭執的行為，是某一方的不良習慣的話，會要花上很長一段時間，耐心地改善。若是累積彼此間的摩擦，則容易造成不好的影響，兩人終將面臨離別。

先看上述熙祖的案例。熙祖的男友主動說自己要請客，於是兩人一起到餐廳吃飯。但餐廳的菜色真的很難吃，熙祖只是實話實說，男友的心情為何要變差？熙祖的行為對他人失禮了嗎？各位的看法是？

用我的錢付費吃飯，向老闆提出食物不好吃的意見沒什麼問題。但餐廳裡不止你一個人，還有其他客人在場，若是在吃飯期間不斷抱怨：「好難吃啊！這好鹹，那沒味道。」不只同行的朋友，連其他在場客人們的胃口都會變差。

況且，以道德層面來看，這是一種失禮的行為。每個人的口味皆不同，無對或錯。你覺得不好吃，別人可能覺得好吃。它不合你的口味，下次別再來或單獨向老闆提出個人見解比較好。

何況這頓飯是由男友結帳的。假設今天是熙祖說要請客，帶男友來這裡吃飯，男友在餐廳裡說：「這家餐廳真不怎麼樣，為什麼這些人要排隊來這裡吃？」熙祖的心情會好嗎？就如同你到電影院看電影，正看得入迷時，卻聽見坐在前面的人說：「這電影真無聊，看到要睡著了。」如此一來，看得入迷的你，豈不突然顯得像是個傻瓜了嗎。

就像大家通常不會在當事人面前直言：「天啊！你長得真醜。」一樣，即使是付費的使用者，仍該遵守基本的禮儀。若熙祖真的很想要評價那間餐廳的食物，可以在離開後，以客觀的態度問同行的男友：「親愛的，你覺得剛剛那家餐聽如何？好吃嗎？」假設對方的味道評價是好的，你可以只說一句：「嗯，這樣啊！我個人覺得調味太淡。」反之，如果對方的味道評價是不好的，繞在這個話題的時間長一點也沒關係，因為兩人的意見相同。

說話不經大腦？說話要三思而後行

以下探討英卓的案例。英卓每次在女友生氣的時候都會說：「我第一次跟女生交往，常會說錯話，你要理解我。」他自辯個性單純，不知道對女生什麼該說，什麼不該說。

英卓到底錯在哪？首先，英卓非常在意自己的情感，所以無法「過濾」語言。當女友聽到他說：「這點小事都辦不到！」、「吼！」、「你打算這樣在職場混嗎？」時，會感到非常受傷，因為男友以一副若無其事的樣子說出了否定自己能力的話語。

另外，英卓雖然非常在意自己的情感，卻以一副沒什麼問題的口吻否認對方的情緒。女友因他一句「我沒去旅行也沒關係」而生氣，他卻說是開玩笑並又回：「幹嘛連這個都要生氣？」不顧對方的顏面。

他最大的錯是認為女友比他低一階，「你現在是要跟我抬槓嗎？」的發言不像是站在與對方平等的立場說話，反倒像是被下層員工威脅到自己的權位，故而向對方提出的警告。有時說出口的話會不小心表露自我內心深層的潛意識，所以在說話之前必須先檢視自己的思維。

英卓不經大腦的一句話，一次兩次地傷了女友的心，而傷口尚未癒合，又產生了其他的缺洞，因此兩人的關係漸漸疏遠了。

「亂說話」的人的特徵

不經大腦亂說話的人有一定的特徵。第一、他們會偏重自己的情感。這些人因為太過專注於自我情感，導致他們不太能看見其他人，即使覺察到他人的感受，依舊會認為自己最重要，而假裝沒看到。另外，他們也常常直言無諱、想到什麼說什麼，喜歡從對方身上得到認同。

第二、社會經驗不足或過度誠實的人常說錯話的機率為高。小時候亂說話不會有什麼問題，但來到職場，開玩笑的語氣有時會害了自己，通常被上司罵了一頓後，自然會學著要小心講話。可是如果是社會經驗不足或過度誠實的人，他們比較少有機會學習分辨說話與沉默的時間點，以及掌握與初次見面者該保持多少距離，故說錯話的可能性較高。

第三、他們不會注意他人，也不會仔細聽對方的話。三思而後行的意思是我們要知道整個對話的脈絡，知曉對方的想法與情感之後再說話。不經意說話的人不會注意對方，當然不會知道對方的狀況或心情，因為他們不傾聽，在不知道對話脈絡的狀況下，自說自話。於是，問題產生了。

請說「剛剛那句話聽起來不舒服」

說話不經大腦的人不能有朋友或戀人嗎？只能當一個邊緣人嗎？當然不是。他們真的是因為不知道、無法判斷狀況，故時常說錯話，所以只要跟他們講清楚就沒問題了。

若非嚴重至動搖彼此的關係，另一方只須耐心地慢慢教導他。假設因對方的疏失而導致兩人關係產生問題的話，該怎麼辦？建議在對方「道歉」的過程中，一定要「回答」造成衝突的「問題」。放過他一次，他就會更容易踩線，誤以為那不是問題，再次造成兩人的關係疏遠。

除此之外，兩人一起面對問題，會更快找到解決方法。以「其實我剛剛心情不太好，因為你說的話讓我受傷了。」、「我在餐廳裡不好意思評論，等會出去再說好嗎？」的方式告訴對方，對方立即「啊～」一聲，就會發現自己說錯話了。

或是可以建議對方交換立場思考，當他聽到相同的話時，有什麼想法？人總是寬待自己，對他人嚴格，所以需要幫助他們正確理解，別人在聽到這些話後，是什麼樣的心情，例如，告訴他「假設你花了一整天煮了這頓飯，我吃了之後說：『味道不怎樣，太鹹了。』你的心情會怎樣？我是因為這樣，所以心情才不好的。」

以「我該怎麼做？」代替「我為什麼會這樣？」

蘇格拉底有一句名言：「認識自己」，請務必將這句話銘記在心。若是不想說出一句無心的話或做出無意的舉動，就必須自覺改善。三思而後行是唯一的真理。在做出讓自己後悔的事情後，別每次都只是自責「我為什麼會這樣？」請改問自己：「我該怎麼做？」具體訂定自我改善的方法後，也應付諸行動。

或者，不經大腦說出口的話，事後懊悔自己為何要這麼說或很想收回那句話的時候，應好好問自己：「我為什麼當時會說那句話？下次去同一場合的時候，我該怎麼說話才好？」

心理學法：停止—思考—選擇

想到什麼說什麼的人需要練習如何不反射性回答對方的話或行為。當對方正在說話的時候，別急著回應，練習微笑看著對方，會非常有效果。

心理學裡有一方法叫做S—T—C（stop-think-choose），即停止—思考—選擇，它是一種於談話期間自我控制言語及行為的方法。衝動說話或做出行為之前，先停下來思考，再選擇要說什麼或做什麼。

通常情緒化的話或行為容易造成後悔。放下習慣性的言語及行為，利用S—T—C法則，將能創造更有智慧的自己。檢視整體的脈絡與狀況，分辨什麼該說與不該說，由自己開始成為一位有智慧的人。

聽者覺得有趣才是玩笑

連自己都不喜歡，那就別加諸於對方。某些人會仗著是玩笑話，說一些讓對方討厭的言語。如果對方超過兩次表示婉拒的態度，代表他不喜歡。請別觸碰他人痛處。

「我們家藝玲的肚子軟軟的，好好摸。」

「智妍的頭大到都可以從遠處看見了呢。」

「都畢業多久了，還不準備就業？不打算就業嗎？」

「你要知道，遇到我是你的幸運，你到哪去找像我這麼好的人？」

聽到這些話，你的感受是什麼？如果連你都覺得討厭的話，對方也一定不喜歡。即使兩人正在交往，仍有該遵守的禮儀，別踐踏對方的自尊心。

你也要付出同樣的代價

結婚後變了個人

結婚四年的秀靜在丈夫的窮追不捨後，答應與他結婚了。丈夫是公司同事，雖對他的外貌不滿意，但他積極主動的一面打動了秀靜的心。秀靜剛進這家公司時，丈夫便對她一見鍾情，一直單戀她。戀愛期間，無論秀靜說什麼，只要是她想要的，丈夫都會二話不說做到底，然後秀靜也視之為理所當然，心想：「我答應和你交往，這點程度不是應該的嗎？」

但結婚後，丈夫變了個人，他再也不送秀靜禮物，原來的讚美和慈祥也都煙消雲散。秀靜無法接受，除了表達自己的傷心之外，亦試圖貶低丈夫的自尊心，導火線的開端如下：

秀靜：「你應該要懂得報恩，家境不怎樣，個子又不高，除了我還會有誰願意嫁給你？如果不是我，你現在大概是個老光棍，孤寂終生吧？我看你可憐，施捨救濟你，你怎麼能這樣對我？」

丈夫：「誰要你救濟我了？你也是自願嫁給我的，現在幹嘛說這些話？」

秀靜：「婚後你變了，要你來接我，卻連這點小事都辦不到？」

丈夫：「我不是跟你道歉說喝了酒不能開車去載你嗎？」

秀靜：「不管，反正你變了，我們結婚後你幫我做過什麼嗎？」

丈夫：「好，我就是連這點小事都做不了的男人，都是我的錯。」

丈夫甩門進房，留下秀靜一個人在氣頭上，一邊發洩怨念，一邊碎唸：

「我看你可憐跟你結婚，你怎麼能這樣對我？要不是我，才不會有人要跟你生活！你不懂嗎？我都退讓了，這點犧牲是應該的啊？」

越期待越失望

秀靜期望的是「補償心理」，產生一種「我為你做成這樣，你為什麼都不為我做？」的微妙心理。站在她的立場，一無所有的丈夫看上去很可憐，為了解救他，自我犧牲與丈夫結婚，而他應該要知道這點，給予「回報」。但自我期望與丈夫實際行動不符，於是以委屈表達怨念。

怨念從何而來？從期望而來。因為期望對方的付出應與自己相同，若對方未能做到，於是產生怨念。越期待越失望。當期望崩塌了，憤怒、憂鬱、煩躁就會接踵而來。補償心理伴隨著期望心理，兩者互相連結。

如果秀靜說的話是真心的，那她應該要慎重思考結婚這件事。我們買一臺腳踏車或筆記型電腦都要比較價格及閱覽各種商品評價後再決定要不要買了，哪有人是因為憐憫而結婚？結婚不能帶憐憫或同情的心理，誰會看人可憐就跟他結婚？如果想憐憫人，不如去慈善團體做公益。

若單純是因生氣說重話，應該要發現問題的根源出於自己，並改正它。一直對著那個人以「你怎麼可以這樣對我？我是怎麼對你的？」的方式說話，怎能不吵架？換作是秀靜聽到丈夫對她說：「我是看你可憐才和你結婚的」，聽起來是不是很悲慘？和可憐人結婚的當事者一樣是可憐人。

現在換到丈夫的立場：他長時間單戀一個女人，與她戀愛一年多的時間，非這個女人不娶。但時間久了，倦怠期終會來臨。他會認為自己一個人狂戀著秀靜，為博取她的歡心，什麼都可以給，而現在，該換秀靜去迎合他、支持他了吧？他的補償心理似乎比秀靜更大。

每個人皆擁有某一程度的補償心理，就算無法獲得百分之百的回報，也會在某種程度上有所期待。但是當期望越高，失望就會越大，甚至會成為引發兩人爭吵的導火線。

你不愛我了

以下是炫雅的故事：

炫雅：「你知道我打給你多少次了嗎？為什麼你都不主動打給我？」

男友：「對不起，最近變得很忙。」

炫雅：「難道你就只工作？不吃飯？不上洗手間？」

男友：「你這什麼話？」

炫雅：「難道忙到連一點時間都沒空打電話？想來想去，一定是你不愛我了，每次都要我先主動打電話給你。」

男友：「說什麼話，我對你的愛不變。」

炫雅：「你只知道工作，根本沒把我放在心裡。」

男友：「對不起。」

過沒多久就是炫雅的生日，她期待著男友的溫暖與生日禮物。幾個月前男友生日的時候，她訂了一家自己喜歡的西餐廳，以及買了一副很貴的藍牙耳機送給男友。她心想：男友若愛她就該提前準備幫她過生日。

結果這天男友因公司的事情遲到了一小時，以忙碌沒時間為由，連一朵花都沒準備，空手赴約。炫雅因為這件事，又跟男友吵架了。

炫雅：「親愛的，你是不是太過分了，我生日怎能空手來呢？」

男友：「對不起，忙到沒時間買禮物。」

炫雅：「藉口，再忙都能去買個化妝品吧。」

男友：「你又不常化妝，所以沒買。」

炫雅：「真的太過分了。還記得我送你的生日禮物嗎？」

男友：「嗯。」

炫雅：「那要三十萬韓圜耶！但我生日卻什麼都沒有，看來，你是真的不愛我了。」

炫雅認為自己期望的不多，但對方卻連這一點期望都做不到，感到非常難過失望，甚至考慮分手，但她男友也很委屈。就業之前，他們幾乎都在炫雅的社區附近約會，打工賺的錢都給炫雅繳學費了，她卻通通忘記，只記得現在的傷心。

上述的情況裡，男友確實有做錯的地方，只要百忙之中抽空依炫雅的喜好幫她準備生日禮物，就不會發生爭吵了。不過，炫雅的表達同樣也有問題，反覆說著男友不愛她了，造成彼此受傷，不想想對方付出的一面，只記得自己的付出。

要求對方付出代價是一種「交易」

切記！產生補償心理是一種對精神健康發出的紅色警戒信號。沒有人一開始是因為要對方付出代價而付出，是由於對方的不理解，累積了一定的傷心後，才漸漸產生這樣的心態。戀愛長跑的情侶較容易產生補償心理，熱戀期為對方付出的一切不求回報，但當你開始產生「為什麼你都不回報」的想法時，正是脫離情人眼裡出西施的時候了。

好好抒解這種情感，依然可以維持長久的戀人關係。欲維持好關係的戀人或夫妻，必須拋開「要求對方付出代價」的心理。人們習慣在心裡記下自己為對方展現了多大的誠意、施予了多少的幫助，總認為自己施比受多。

我們記得借出去的錢，卻忘了借來的錢，自己的付出往往會留在記憶裡更久。因此，當我們釋放的好意得不到回報的時候，便會產生「我對你做了多少」的念頭，開始厭惡對方，給他臉色看。

1. 補償心理增加的時候必須先了解自我情感狀態

出現補償心理的時候，應先明白這是自己的問題：「啊！我受傷的原因並非出自於他的不回報，是我自己過度期望收到回報。」諸如「你真的愛我嗎？」、「你為什麼連這都做不到？」等言語皆表露出「你為什麼不多愛我一點？」的想法，非常孩子氣。必須好好檢視自己，拋開對他人的依賴，才能成為一個獨立的大人。

2.即使對他失望，也別責備他

戀人之間最常爭吵的話題在於互相聯繫。許多人認為主動聯繫的那方更喜歡另一方。假設對於聯繫問題有所在意，建議改用「明天起，親愛的也多抽空打給我嘛！」、「忙完後記得打給我喔。」代替「你怎麼可以一點聯繫都沒有？」此外，不要過於依賴對方，尋覓一些自我享受的事物，如：逛街、運動、考取證照、學習英文、讀書、冥想、泡湯或按摩、心理諮商、畫畫或聽音樂等個人興趣。

3.尊敬彼此，表達尊重

無視、抱怨對方將成為彼此關係的毒藥。因此，尊敬和尊重對方就極為重要了。若是如此，對方就會為了獲得尊重和尊敬而付出努力。

回到秀靜的案例，由秀靜說的話可得知她並不尊重她丈夫。假設你對另一半說：「你應該要聽我的話啊！我都為你做那麼多了，你怎麼都不為我做什麼？」會讓對方產生「嗯，我就是連這點事都辦不到的人」的自責感，接著會衍生出「那你又是做得有多好了？」的反駁心態。

尊敬與認同對方的辛勞是維持兩人愛情的方法，如：「老公，你是我們家的一家之主，所以你先吃。」、「老公，你真棒。昨晚喝了酒，仍遵守規定，不遲到缺席。孩子們看見了，一定會成為好學生的。」、「老公，謝謝你喝完酒還幫我做垃圾分類。」

你懂什麼？

接到車禍消息後先發脾氣的人

大家周遭一定有這樣的人，每件事都覺得自己是對的，看到不對的就帶著教訓的口氣說話，自以為是，明明講得不對卻說話很大聲。是不是想到誰了？看看下面的例句，假設配偶或戀人在開車的途中發生了衝撞事故，你的反應是？

1.所以我說什麼了？換車道的時候要再看一次後方的車！

2.天啊！親愛的，沒事吧？有哪裡受傷嗎？

3.嚇到了吧！有打給保險公司了嗎？

4.哎，事故都發生了，請保險公司過來處理就好了，你先緩和一下情緒。

哪一個是正確答案呢？一定不會是第一個。第一個答案完全不理會當事者車禍時的不安和煩躁，以「極度客觀的角度」指責當事者，故除了第一個之外，其他答案都可以。你是屬於會說第一個答案的人嗎？那你需要深度分析自己的說話風格，以下準備了測驗，看看你是不是「自以為博士」，自我檢測「是不是常使用這些表達方式？」

所以現在情況怎麼樣了？客觀說事實就好。（是／否）

為什麼這麼想？現在你想做～嗎？（是／否）

剛不是叫你做～我不是才剛講過。（是／否）

這樣做才對。是你錯了，我說的才是對的。（是／否）

等一下，不能對丈夫叫爸爸，上段話你應該這麼說才對。（是／否）

既然知道，幹嘛這樣？你今天是怎麼了？你都用這種方式說話吧？（是／否）

與其你說，不如我來說。我說的是事實。那是當然的，不是嗎？（是／否）

你知道～嗎？不知道吧？你知道～有幾種嗎？要我告訴你嗎？（是／否）

以上八項，如果你有五項以上回答為「是」，那麼你就屬於「自以為博士」類型，這類型的人特徵為：

面對當下發生的情況或事件，只著重於事實本身。

屬於愛分析、批判及追究的類型。

愛糾正親朋好友的錯誤想法與判斷。

任何事都要分對錯。

對話變得鬆散時，馬上會統整及糾正錯誤。

對於配偶（戀人）的小錯誤也會一一指責。

但對自己的錯誤輕易帶過。

常認為自己的想法是對的、正確的。

喜歡主動講自我經驗、擁有的知識給他人。

那麼，接下來看與「自以為博士」在一起的人是怎麼想的：

我是你的配偶（戀人），不是你的孩子，也不是你的學生。

當你把我當作孩子、學生一樣管教，我只是邊嘆著息，邊想要趕緊結束對話。

我並未表示想要受教。我拜託你幫忙的時候，可以只針對我需要的部分展現你的知識與智慧嗎？

我並不想知道你的知識有多淵博。即使你抱著使命感一定要告訴我，但我一點都不想知道。再者，你的諄諄教誨又不是多厲害的道理，NAVER或Google都還比你聰明。

人際關係需要的是「共鳴」

接下來的案例是一位男生因女友「老師口吻」而產生壓力的對話：

男生：「昨天暖爐壞了，我一整晚都冷到發抖。」
女生：「我不是就跟你說要修暖爐了嗎？」
男生：「我昨天好像喝太多酒，胃好難受。」
女生：「我有沒有叫你要少喝一點了？」

男生：「我跟教授有約，好像要遲到了，怎麼辦？」
女生：「吼，不是叫你要早點出門，你怎麼總是這樣？」

仔細看上面的對話，會發現女生回答的方式有個共同點，那就是她一點也不顧男友的心情，只針對客觀事實說話。

第一段對話裡，男生為什麼會說「一整晚都冷到發抖」？因為他想讓女友知道他的心情是「又冷又孤單」，希望女友可以安慰他。

第二段對話裡，女友以「我有沒有叫你要～了？」的說話方式追究對方的錯，要對方自我反省，猶如媽媽在教訓孩子。

最後，第三段女友邊嘆氣邊對男生說：「吼，你怎麼總是這樣？」會讓男友覺得自己被歸類為每次都會犯同樣錯誤的人。若想讓彼此皆大歡喜，建議可以：

1. 焦點放在情感勝於內容本身

「關於這點，我說得對！」

「抱歉，但你說錯了。」

上述兩句皆依內容事實說話，這樣不僅會挫傷對方的心情，更有可能引發雙方衝突。對本人直接說他錯了，有誰心情會好？而且對方亦會反問「你又有多厲害了？」演變成爭吵的機率就會升高。

理性有邏輯的人通常喜歡只講客觀的事實，造成他們無法感同身受，應努力學著站在對方的立場，安撫對方的心情。

2.語言裡也有「彈簧氣墊」

「緩衝語句」彷彿在話與話之間夾著彈簧氣墊，經過氣墊緩衝後讓說出來的言語變得委婉。理性有邏輯的人常使用「我當然是對的」、「該這麼做」單槍直入的表達方式提高自我理論的正確性。

然而，這樣的表達方式亦觸發對方的違和感，建議使用「我個人認為～比較好；依我看～如果是我的話，應該會～你應該也知道，但～」等委婉的表達方式。另外，「依我看～你覺得呢？」以這樣的方式詢問對方意見，對方也更能自我思考，做出決定。

3.多多稱讚、認同、鼓勵

就算你能一眼看見配偶（戀人）的缺點，也先別說出來，彼此先努力觀察對方的優點，再透過語言表達。當你先向對方釋出你想獲得的那種稱讚、支持與鼓勵時，這些話同樣會回饋到自己身上。因此，在想要獲得稱讚之前，先稱讚別人吧！

除此之外，與配偶（戀人）說話時不一定需要目的或重點。假設對方說太多無關緊要的事，亦請耐心聆聽；假設對方說錯了，請也不要指責。自己少說點話，只需要針對另一方要求的部分回答，兩人之間的談話將再度變得愉悅。現在，藉由以上的方法重新回答一次看看吧！

男生：「昨天暖爐壞了，我一整晚都冷到發抖。」

女生：「天啊！真的嗎？親愛的，很冷吧！昨晚熬夜忍著寒風嗎？身體還好嗎？」（了解及認同對方的情感）

男生：「我昨天好像喝太多酒，胃好難受。」

女生：「這樣啊！親愛的，如果你喝多了，我會擔心，心情也會不好，下次不要喝多讓我擔心。」（透過「自我訊息」表達其感受及下次的期望）

男生：「我跟教授有約，好像要遲到了，怎麼辦？」

女生：「你現在一定很不安，所以趕緊出發吧！」（一邊撫慰對方不安的心情，一邊催促對方行動）

以上的表達方式對理性有邏輯的人而言，可能有點生澀、肉麻，但根據語氣與表達方式的不同，給別人的印象有可能得分，也有可能會失分，既然如此，是不是該以得分的方向前進？

是，你最厲害了！

因為愛而受傷

兩人一起生活後，彼此想法常會不同，這時兩人的談話很容易從鬥嘴演變成爭吵，雙方開始互相批判、藐視及傷人。讓彼此內心受傷，產生衝突的導火線是什麼？答案是「要求對方要懂自己」。常常依自己的立場，評論對方說的話、做的行為，以及不滿意的地方，如：「我因你說的那些話而受傷」、「我因你這樣的行為而生氣」、「我討厭你這樣」等。

如果可以懂對方的心情，就不會說出傷人的話，也可以在小爭吵中結束話題。可是，當對方不懂自己的時候，你會開始想「傷人」，這樣「傷人」的念頭是吵架的導火線，並會於內心留下怒火，一生無法抹滅。

踐踏人心的「輕視言語」

不久前開始，河露不再在丈夫面前教孩子寫作業了。原因是自己曾好幾次在丈夫面前教導孩子錯誤的知識，進而被丈夫羞辱，在孩子面前毫不留顏面地說：「不懂就不要裝懂，去上網查查吧！」、「連這個都不知道？多看點書吧！」若跟丈夫訴苦說照顧三歲的老么很累，丈夫每次都回：「整天待在家有什麼好累的。」前幾天又發生了一件令河露超級傷心的事，事情源自於丈夫嫌零用錢太少，要她多給一點。

丈夫：「這週零用錢多給我一點，我要買一些東西。」

河露：「這個月開銷要透支了，老大要繳學費，下個月再買，不行嗎？」

丈夫：「我花我的錢，還要看你臉色嗎？你該不會把我的錢藏到其他地方了吧？」

河露：「你說什麼？」

相反地，宇亨的妻子只會發脾氣，不管怎樣都要宇亨買給她，以致夫妻關係漸漸惡化。宇亨賺得不多，因家庭經濟問題而吵架的情形越演越烈，這時候妻子都會對宇亨大喊：「連這點錢都賺不到，還敢大聲說話？」宇亨為了養活家庭，拚死拚活工作，妻子卻拿錢為藉口打壓他，實在令他受不了：「那你呢？」當然妻子也不認輸：「沒有能力還當什麼一家之主，我們現在就離婚！」如今，他們對彼此僅留下委屈及恨意。

造成關係惡化的說話方式

僅有一次的人生，原本幻想過著幸福美滿的家庭生活，結果家卻成了一個充滿憤怒、恨意的地方，實在是令人惋惜。以下探討夫妻發生衝突的因素：

1.家外的權位置入家內

即使你在公司的職位是部長、社長，回到家後，仍是一位妻子、丈夫、爸爸或媽媽，千萬不可要求家人給予與公司同等的待遇。以百事可樂的董事長盧英德為例，她將升為百事可樂董事長的消息告訴母親時，她母親卻突然叫她：「你出去買瓶牛奶回來！」英德的心因此受傷：「我都是百事可樂董事長了，要我去買牛奶？」母親便指責她：「放下王冠！即使是百事可樂董事長，你回到家後也是一位妻子兼媽媽。」

2.談話過程中常使用比較、輕視的言語

「聽說隔壁家的老公再累也都會每天幫忙倒廚餘。」、「聽說惠善老公拿到獎金，給她買了一個名牌包。」、「打掃洗手間都說了多久，你怎麼還在看電視？這麼懶惰，在公司怎麼做事？」、「身為媳婦，哪件事是有做好的？」等等，這些話應吞下肚，別說出來。我們小時候最討厭的事情就是被拿來與朋友作

比較，況且當人覺得活得很累的時候，常會認為自己被人瞧不起，萬一這類的話是從最親近的家人口中聽到，心裡會更不好受。

3.果斷又鑽牛角尖

這是大男人主義的男生常見的問題，他們認為丈夫是決定家庭大小事的角色，所有問題都必須由他解決，解決後再告知妻子，如：「一週後要跟母親吃晚餐，你週六晚上六點到這裡就可以了。」、「你別亂弄，我自己來。」

4.放大對方說話的意思，誇大或縮小解釋

例如丈夫詢問妻子：「吃飯了嗎？」妻子回答：「如果我說還沒呢？」以攻擊性的方式回覆；又或者當妻子經常照鏡子，丈夫則以「在外有其他的男人？為什麼要一直照鏡子？」等做為反應。

5.不聽對方說話，急於為自己辯解

熙靜是兩個孩子的媽，想讓孩子們感受到「父愛」，於是拜託丈夫下班後一小時幫忙照顧孩子。丈夫聽到後大發雷霆：「你叫一個辛苦工作的人顧孩子？」有一次，丈夫吵說要吃晚餐，熙靜本來要用午餐剩下的醬料加麵炒，丈夫卻說：「我說要吃飯，又是義大利麵？韓國人就是要吃飯啊！為什麼每天都吃麵？」連讓熙靜回答因為孩子生病，所以沒時間做小菜的空隙都沒有。

6.經常使用責難對方的言語

責難指的是與雙方的意見對立無關，單就性格或人品指指點點，如：「事情會變得這樣，都因為你無能啊！」、「做事為什麼這麼像小孩子？」等都算「責難」。

通常這種人常常使用「總是」、「絕對」等的負面詞彙，例如：「你總是不遵守約定」、「你都這樣，沒有一件事做好的。」

另外，他們也愛用粗言俗語，例如：「你這低賤下人，膽敢在龍王面前耀武揚威」、「孩子們都像你笨，該怎麼辦？」你常用這些表達方式嗎？如果是的話，過去好不容易累積的歸屬感，一切都將付諸東流。

透過「高特曼的十五分鐘」得知未來是否會離婚

家庭治療權威專家約翰．高特曼博士說過：「只需觀察一對夫妻對話十五分鐘，便可以預測他們未來是否會離婚，準確度高達百分之九十。」顯示夫妻發生衝突的因素皆源自於兩人間的對話。

婚姻安定幸福的夫妻，其正面與負面的言語比例平均為五比一；反之，關係不好的夫妻比例為一比零點八，又稱「高特曼比例」。高特曼將夫妻的負面溝通分為以下四種類型：

責難

防衛（辯解）

輕蔑（無視）

斷絕（逃避）

假設某對夫妻慣性使用以上四種類型的說話方式，高特曼的結論是他們百分之九十四會離婚。

冷靜一想，人際關係的信賴非來自於我信任誰，而是我能成為誰可以信任的人。結婚不是填滿我的需求，而是填滿對方的需求。雖然大家都想要被愛，但當你愛人的時候，方能感受「我對某人是一個珍貴存在」的價值及幸福感。

雖然你認為使用這般責難或輕視的言語是為了配偶好，但攻擊性的語言實際上無法改善對方的行為，也不能解決問題，反而會讓對方覺得受到侮辱，進而產生報復心態「我要怎麼反擊他？」此後，對方便會鎖上心門，再也不釋出好意。

發脾氣的女人，藐視的男人

為什麼人會想指責他人或對人使用負面言語？第一、因彼此關係的問題導致壓力或挫折產生。大家在職場上遇到上司的責罵或批評都會想盡辦法吞忍，可是換作是夫妻的時候，一旦心氣不平順，卻無法吞忍，情緒爆發。假設事情發展到爆發階段，代表內心的情緒已滿至咽喉，通常是因為另一半已經指責、藐視自己很多次了。

第二、以牙還牙的心態。認為「我受了那麼多傷，你也該嘗嘗其痛苦」。根據調查結果顯示，百分之七十五的夫妻在吵架的時候皆會出口惡意傷人。然而，報仇是下一個仇恨產生的源頭。

第三、刻意貶低對方。指責人的那一方自認為較聰明理性，故使用嘲弄與藐視的方式表達自己的優越感，例如：「你就是這樣啊！」加上聲調、音量、眼神及表情，帶出貶低對方的感覺。

根據心理學教授克里斯多夫・哈維的研究結果顯示，不幸的夫妻大多由妻子向丈夫發洩不滿與責難（伴隨煩躁）之後，漸漸演變成吵架。可是，丈夫一般會無視或迴避這些爭吵。因為女性在發生問題的時候，通常偏好溝通解決；而男性則需要思考時間，為了避免對方的責難及發牢騷，會逃到一個屬於自己的空間，故產生此種現象。

到最後一刻也要遵守的「吵架原則」

夫妻生活必然會發生爭吵，但若失去理性，意氣用事僅會造成兩俱敗傷，故以下探討如何減少不必要的爭吵發生：

1.別在意對方的負面言語

對話的過程中，假設另一半不小心指責到你的時候，中斷兩人的對話是最好的方法，可以向另一半說：「你以這樣的方式跟我說話，我心情很差，可以不要這樣嗎？你想要什麼？你希望我怎麼做？如果不是以責罵的方式，那我也會好好聽取你的請求。」好好聽取另一半的本意，以及他想要的是什麼，再回頭思考自己是否錯過了什麼。

2. 一句「幸好（有你）」，會制止離別的來臨

藉由高特曼教授的研究成果得知，關係好的夫妻會好好對彼此說話，最常說的一句是「幸好（有你）」。旅行結束要回家的妻子向丈夫說了：「幸好有你，讓我大飽眼福，明明不愛開車，還是來載我回家，謝謝你。」丈夫回應：「若不是親愛的，我今天應該會獨自待在家，感謝你讓我有出門的理由。」

3. 制定規則，避免說出藐視、責難對方的語氣

若不想與配偶走到離婚地步，請一定要避免責怪對方、向對方發脾氣或說出傷人的話，如：「你上次這樣說了啊！」、「是你先開始的！」、「那你呢？」這些話會讓彼此的裂痕越來越深，甚至會走到「所以你現在是要和我作對嗎？」的局面。

夫妻吵架的過程中，若出現彼此傷人的言語，建議先讓雙方冷靜後再討論問題。事先制定規則，列出彼此談話中傷到感情也「不准說的話」，將紙條貼在冰箱門上，並規定「在暴言出口之前，停止爭吵」、「吵架時說禁語的人要打掃一週」、「亂說話一次罰五萬韓圜」等懲處制度。定下規則，將會有效減少因同件事吵架的機率。

4. 找尋彼此因什麼事情、言語或行為吵架的原因

沒有人會一早睜眼就想著「我今天該怎麼折磨那個人？」會對彼此說出侮辱的話，是因為長久累積而來的負面情緒。例如一對結婚剛滿六個月的夫妻因為回婆家的問題吵架，於丈夫的立場，不過是久久回家一次，不懂為什麼妻子要大

發雷霆？

然而妻子的立場是，原先期望新婚生活會如扮家家酒般甜蜜，但丈夫卻以忙碌為由，不顧於她，讓她自覺是望夫石，於是產生不滿。暌違一個月，終於來到妻子期待已久的兩人時光，丈夫卻不懂她的心，說要回婆家，兩人便發生了爭執。

妻子傷心地說：「婆家第一，我第二嗎？這樣的話，何必結婚呢？繼續跟父母一起住到老就好了啊！」以丈夫的角度，他認為妻子發脾氣的原因是不想跟他回婆家，然而這其實是妻子早已累積許久的抱怨。

不會有人無緣無故生氣，定然有因果關係，所以妻子以憤怒的方式表達這段期間未妥善處理的情感。雖然有點辛苦，但是如果可以找到各自突然激昂憤慨說話的原因，安撫彼此的心情，能更圓滑地解決問題。

法輪大師藉由社群平臺SNS上傳了一篇文章〈一封法輪大師的希望信件〉，內容如下：

夫妻常因小事吵架。為了改正對方，像個小孩一樣，比誰的氣勢高昂。但誰也無法以自己的方式去改正誰，我都不能改正我自己了，又如何去改變他人？男女相處之道沒有特別的秘訣，忠告勝於責難，理解又更佳於忠告，真正需要改正的，是你想改正別人的心態。

——〈一封法輪大師的希望信件〉
二〇一三年十二月十二日

托爾斯泰名言之一：「每個人都想要改變世界，卻沒人想過要改變自己。」接受無法改變他人成為自我理想型的事實，放下後心情將輕鬆許多。

乾脆對我發脾氣算了，求求你了

對著牆壁自言自語的感覺

好久不見的朋友聚會，有一位朋友講起她與丈夫吵架的故事，於是大家開始訴苦「自己厭倦了跟丈夫說話」。

然而，彩恩卻羨慕這些和丈夫吵架的朋友們。彩恩的丈夫屬於「迴避型」，當氣氛變得差或尷尬，就會乾脆逃離現場。每次彩恩說：「老公，跟我聊一下」叫他出來時，他總是用各種藉口搪塞。不說話就不會吵架的現況，外表看似和平相處，但彩恩卻心焦如焚。

人際關係之中，當有爭執或衝突發生的時候，指責對方的類型稱為「攻擊型」；不願表達自我想法或立場的類型稱為「迴避型」。迴避型的人害怕受傷，所以不願正面應對「衝突」，藉由逃跑迴避問題。

無論是攻擊型或迴避型皆為不善於處理衝突的人，因為不管是責罵、忍受或逃避對方，最終都會促成這段關係的決裂。但針對迴避型的人仍有辦法解決，僅需要讓他經歷過一次透過溝通，而成功解決衝突的經驗，往後便會產生更多利用溝通解決問題的機會。所以這時，熟悉說話技巧非常重要。

這與心理學家諾里斯的研究結果不謀而合：彼此讓步的情侶、單方讓步的情侶及各自主張的情侶，哪一對情侶的信賴度最高？答案是各自主張的情侶。因為他們會明確講出自己的慾望，並互相磨合，因此更能了解彼此。

中斷對話的「瞬間」藏有提示

迴避型的人通常是什麼時候會想要迴避問題？

第一，心情很糟或受到壓力的時候。迴避型的人承受不起責難，假設對方不斷指責自己，他們會產生「這話題下次再說」、「你太激動了，所以我不想講話」的反應，甚至斷絕聯繫。

這時候對方會以為「這是在無視我嗎？」而更加生氣，但千萬別誤會，迴避型的沉默並非無視對方，他們只是需要「思考時間」。迴避型的人須花更多的時間解決衝突，因此當問題發生後，他們要有獨自思考的時間，以及遠離人群的自我空間。

第二，問題發生時，他們無法立即想到解決根本之道，只好躲進洞裡沉默。

那麼，以下將探討迴避型的沉默。當你的戀人或另一半在發生問題時一言不發，請想一下「兩人間的對話何時斷了？因何事開始逃避話題？」

上例彩恩的丈夫假設在「交往剛開始」就出現逃避問題的現象，很有可能是小時候養成的習慣，但若是結婚後的某個時機後才開始出現這種反應，就表示原因是出自於另一半的語氣與表達方式。在某個瞬間，另一半會開始表現出指責或嘲弄的攻擊態度；而「迴避型」的人則會逃避問題，展現出自我防禦。

舉例言之，常喝酒的丈夫今天又喝醉晚回家，妻子對丈夫說：「既然要喝到超過凌晨十二點才回來，何必回家？家是你的旅館嗎？」丈夫：「我錯了，明天開始會注意的。」妻子更憤慨地說：「哪裡錯了？你說啊！錯在哪？」丈夫不管做什麼或說什麼都會被罵，最後決定乾脆什麼都不說，成為經典的沉默案例。

假如你是迴避型

每個人在面對事情時，都有難以獨自單刀直入的時候，所以每當發生衝突，總愛顧左右而言他地迴避問題。但過度迴避會難以與他人溝通或產生共鳴。因此，迴避型的人更為孤單。若欲脫離孤單的荒島，與另一半好好過生活，就必須熟悉面對及解決問題的方法。如果你在問題發生時，屬於沉默、找地方躲起來或潛水的類型，以下提供兩個建言：

1.想要維護與他人之間的深厚情誼，千萬不能害怕爭執

迴避型生起氣來，不是斷絕聯繫、離家出走，就是冷戰不說話。他們平常都很「節制情感的表現」，因為他們不知道該如何調節憤怒，應表現多少的怒氣，故選擇壓抑情緒，逃離現場。

對他們而言，雖然有點困難，但如果有不滿就要講！說出自己感到惋惜、委屈的點，彼此將會更互相了解，即使無法解決根本問題，但也能試著讓步妥協。在情感上不留下疙瘩，兩人的關係會變得更深厚，經常小吵架，彼此也更能互相了解。

問題發生時，會衝動是必然的。只要在衝動過後，找到妥協方案，繼續往前走就行了。裝作沒事或逃避掩蓋會產生更大的問題，終究會像顆原子彈爆炸，炸得片甲不留，或者成為表面幸福美滿的櫥窗夫妻。俗話說：「大事化小，小事化無。」產生小問題的時候必須溝通解決，便能阻止更大的爭執發生。

2. 練習表達當下的情感

溝通的時機點很重要，所以養成習慣在委屈或生氣的時候及時表達吧！感到委屈的時刻與表達的時刻離得越遠，與對方的距離越疏遠，久而久之，甚至會斷絕關係。

此外，傾聽另一半說話的時候，除了傾聽，也請表達自我想法，如：「聽你說好像也有道理，我也覺得這樣比較好。」與其無條件聽對方說話，不如參雜一點自我意見更好，這樣對方才不會覺得自己是透明人。

假如另一半是迴避型

假如你的戀人或另一半接近迴避型，則須留意兩件事：首先，地點與時機很重要，迴避型的人認為心情安定很重要，不會隨意在任何時間地點表達自己，尤其當你大聲催促的話，更會造成反效果。迴避型的人喜歡保持一定的距離，在自我安定的空間裡，定一個時間，直到彼此都冷靜後再進行溝通。

第二，你需要諒解及等待他們。他們要花較長的時間待在屬於自己的空間思考解決辦法，不易表達自我情感。

因此，如果你以「為什麼不說話？想看我鬱悶而死嗎？」的方式質問他，反而更會讓他們躲進自己的洞裡沉默好一陣子。你需要不斷努力觀察並諒解他，一點一點慢慢靠近他們，互相交流情感。這時候，和他一起參與他的愛好，試圖開啟話題也是不錯的方法。

除此之外，他們喜歡安定勝於刺激，需要受人鼓舞的風格，對他說：「你現在做得很好，以後會越來越好的。」、「我相信你可以自己做得很好。」相信並等待他自己克服困難。過了一段時間後，他也會感謝你的等待，漸漸縮短沉默的時間。

安寧病房護士布朗妮．威爾在她的書《和自己說好，生命裡只留下不後悔的選擇：一位安寧看護與臨終者的遺憾清單》中，選出了臨終者最後悔的五件事，分別是「我希望度過真實自我的人生；不要埋頭工作；拿出勇氣表達自我情感；保持與朋友們的聯繫；允許自己擁有更多的幸福」。人際關係雖不容易，但如果能拿出一點勇氣表達自我情感，也許能在未來減少更多的悔恨。

早知如此，我們為什麼要在一起？

難道這是倦怠期？

妻子：「老公，這件衣服好看嗎？我新買的。」

洙弘：「嗯，很漂亮。」

妻子：「我也幫你買了一件褲子，因為看你平常都沒有舒適的褲子穿。」

洙弘：「喔，是喔！謝謝。」

妻子：「……」

結婚九年的洙弘最近與妻子的對話變得一點都不有趣，但他亦無不滿，純粹是興致缺缺罷了。他心想兩人都一起生活九年了，這些小事不說也無妨，夫妻之間沒什麼問題。不，也許問題出自於洙弘身上。妻子疑惑：難道這是倦怠期？於是叫了洙弘：

妻子：「老公，最近有什麼煩惱嗎？」

洙弘：「沒有啊！怎麼了？」

妻子：「只是……覺得你跟以前變得很不一樣。」

洙弘：「我有嗎？」

妻子：「嗯，無論我說什麼，你都沒有反應。最近感覺跟老公變得好疏遠，像是住在同一個屋簷下的同居人。」

看著妻子眼眶泛淚，發著牢騷，洙弘決定要有所改變。

「新道林站英淑」[1]，男女有別

男女之間最常發生衝突是哪時候？答案是聊天的時候。從兩人對話之中，可以很明顯發現男女之間的差異。有句話說：「一段關係的成功在於如何磨合彼此之間的差異」，互相理解彼此的差異並尋覓平衡點是溝通成功的關鍵。男性的溝通目的在於資訊傳遞、接受及解決問題；女性溝通的目的則在於情感傳遞、產生關係連結與共鳴。以下為有名的「新道林站英淑」的故事：

「歐巴，我今天在新道林站遇見英淑了。」

「所以一起喝咖啡了？」

「沒有。」

「一起吃飯了？」

1. 韓國YouTube網站人氣很高的影片名稱，講述女性與男性溝通模式及目的不同。

「沒有。」

「約好下次見面了？」

「沒有。」

「那你為何要跟我說這件事？」

女性重視的是與朋友英淑偶遇的這件事；男性則努力分析女性跟他說這件事的目的，清楚可見男女之間的差異。由此可知，女性在溝通對話層面上，其重要因素為傾聽與共鳴；男性則為資訊傳遞。因此，和女性聊天的時候，要非常細心聆聽，並且適時給予正確的回應。

若能理解男女之間的差異，就不會為此發生爭執了。但結婚之後，會慢慢忘卻彼此的差異，有了孩子後更是會各自忠實於父母的角色，漸漸越來越少溝通對話了。所以呢？甚至有人嘲笑四十幾歲的夫妻為三無世代：無對話、無關心、無性愛。

現今，夫妻溝通少的現象越常見，故有人說如果一對男女在餐廳裡談笑風生，一起討論菜單或在計程車裡笑開懷的話，他們一定是不倫關係；反之，在計程車裡各自發呆望窗外的話，絕對會是夫妻。

韓國離婚率居三十四個OECD國家中第九名，離婚的理由於二、三十歲的夫妻是性格不合；四、五十歲的夫妻則是因為配偶外遇與不貞。如果彼此關心對方，可藉由溝通解決某種程度上性格不合的問題。

但是，韓國夫妻們之間的溝通對話非常不足，根據問卷調查，大韓民國平均十對夫妻裡有六對夫妻一天對話會超過三十分鐘，剩下的四對夫妻一整天的對話則是少於三十分鐘，而妨害夫妻對話最大的因素為「晚歸與缺乏時間」，次為「科技冷漠」。

很有趣的是，沒有一對夫妻的回答是「對話經驗及技巧不足」。如果回答「對話經驗及技巧不足」的話，會有點丟臉，畢竟我們從小就開始學習講話，在戀愛時也會與彼此分享各種話題，經由對話發現合得來，才會決定要結婚的不是嗎？但不懂就要學，孩子們若是看到父母良好的示範，將來也會更善於溝通。

生活大小事皆是話題VS.天天見面還有什麼好說？

溝通良好的情侶與溝通不良的情侶，差別在哪？分析比較後，馬上可以理解。溝通良好的情侶從平常瑣碎的事情到重大事件，事事都能聊，例如：「你煮了薺菜湯啊！你知道我最愛薺菜湯了，市場開始賣薺菜了？」、「我今天去澡堂了，久久去一次，搓出好多身體汙垢。」好比自首的犯人，一一陳述細節。

將無關緊要的小事化為有趣的話題，平時多聊天，培養基礎，之後若是遇到一些嚴重、不舒服的話題，便自然能輕描淡寫地帶過。

溝通不良的情侶聊天的話題很單純，不外乎是吃東西、孩子及家庭問題等必要性話題，如：「今天吃了什麼？」、「孩子們吃了嗎？」、「這個社區的房價又漲了嗎？」或「丈母娘去醫院看過醫生了嗎？」等話題，且以句點式問答法，一來一往。

舉例來說：「今天吃了什麼？」、「嗯，就家裡剩下的飯菜。」、「今天做了什麼？」、「還不就是一貫的工作。」一答一回，不延續話題。

享受對話VS.簡單說重點

溝通良好的情侶吃飯時也好，前往下一個地點時也好，話題總是綿延不絕，來來回回，有很多話想對對方說。他們會預先想好要與對方聊些什麼，在見面時就能直接順暢地進行對話，也會思考如果對話遇到困難，該如何解決。

溝通不良的情侶只會在有話要說或必要時開口：「你跟我說點話吧！」平常不太分享話題，彼此變得生澀，樹立自尊心顧及體面。而這種需要特別空出時間來談的話題，通常會很嚴肅或是令人不舒服，彼此間發生口角的機率也就變高了。

我們聊一下吧！VS.好累，下次再說吧！

溝通良好的情侶知曉溝通的重要性，如果不能進行有效的溝通，就無法正確傳達自我想法，而且溝通是夫妻生活最基本的要件，所以我認為，當另一半說話時，應該要傾聽，並盡全力去聽。

溝通不良的情侶為什麼溝通不良？有各種原因，包括：「想說也沒什麼好說的；夫妻之間不說也能知道彼此的心；過度了解彼此；說了也解決不了；累了，倦了；需要一個人的時間；對未來充滿擔憂；被工作纏身，不想講話」等等，他們放棄溝通，心想：「事已至此，就這樣生活吧！」他們更常犯的一個錯誤，是當另一半說話的時候，他們只會回一句：「我對那個沒有興趣。」讓對話中止。

即使如此VS.你就是這樣啊！

即使是溝通良好的情侶，也並非事事都能以溝通解決，偶爾也會說出一些難聽的話，彼此的意見也會不合，但他們在溝通時會盡力以對方的立場思考，定出最終解決的辦法。倘若彼此情緒高漲，就會在冷靜後再討論或暫停討論。於溝通不良的時候，也會使用「也有可能是這樣」、「即使如此」的語言，重回和解模式。

溝通不良的情侶時常在發現彼此處於不同的立場後便結束對話，他們不去理解兩人的差異，女方想著：「為什麼對我不關心？」；男方則認為：「為什麼要把人搞得這麼累？」，最後下的結論就會是「跟你無法溝通」，於是以放棄或是無視的方式，結束這段對話。

夫妻間的對話不是工作會議或報告，不需要論理分析，沒有解決方案也無妨。男方可能會覺得「既然解決不了，那就別想了」；然而對女方而言，她認為「即使無法解決，一起聊聊仍能得到極大的安慰」。

單單是傾聽及給予情感上的支持，就能充分平靜心情。若在傾聽時加一點回應，如：「是誰讓我們家寶貝那麼辛苦？」、「你說得對」之後便能更順利地展開對話。

此外，當丈夫急忙提出解決問題的意見時，妻子請別以為丈夫對自己毫無關心，他有可能只是希望盡快幫你找出對策，減少你的負擔。

創造共同目標

欲成為一對溝通良好的情侶，並非一個人努力可以完成，這需要雙方的改變，因為家庭是共同組成的。

家人間有了共同目標後，對話的主題就會自然地變得鮮明。對於未來，一起規劃準備，如：「五年後我們要住哪裡？」、「退休後要如何度過餘生？」、「孩子要怎麼栽培？」等，創造共同目標，並於達成後分享自己獲得了什麼。

未來規劃是一種約定，為了遵守約定，雙方都會不自覺地開始努力。如此一來，對於像是兩人的未來、子女計畫，以及理想中的配偶等多方面的主題，進行充分討論與決定後，身為要一起經歷這些未來的伴侶，兩人將會產生更多的對話。推薦大家以現在及未來為重點規劃人生。

關心彼此的周遭生活

第一階段提問：你知道另一半喜歡與討厭的事物嗎？曉得彼此的愛好，才能擁有一段良好的對話。

第二階段提問：你知道另一半看待世界的價值觀、想法及待人處事的方式嗎？夫妻之間必定需要互相了解這些部分，以做為穩定關係的基礎。

第三階段提問：結婚後，你跟另一半的朋友吃過飯或一起去遊玩過嗎？或者有跟另一半的家人們一起出去玩過嗎？你知道婆家或娘家人的喜好或食性嗎？

彼此了解越多，一起談論的話題就越多。當你覺得委屈，認為對方都不關心你的時候，必須先自我省思「我有關心對方和他的家人朋友嗎？」

對話時無須太認真

和他分享一些生活瑣碎的小事，從「親愛的，如果你中樂透的話要換什麼車？」、「我今天很想吃橘子，親愛的，順路幫我買一些橘子」等，輕鬆開啟話題。

這些話題很沒必要？兩人若是只聊些必要的話題，對話就會變得彷彿是義務一樣，生硬無聊。由無關緊要的輕鬆話題開頭，盡力分享越多，越能輕易談論對另一半的不滿、期望及兩人的關係問題等話題。

另外，男性們對於經濟問題、婆家問題等嚴肅話題感到非常負擔，因為這類話題會讓他們覺得自己受到「能力不足」的指責，或認為這些是批評。故談論沉重話題時，表達及語氣須更加婉約和慎重。

假設你的另一半真的話很少，請主動表達愛意，以「我看起來如何？想讓親愛的看到我漂亮的一面，所以特地化妝了」、「親愛的，你今天看起來真帥，我真是選對老公了」代替「為什麼都不說話？你不愛我嗎？」等責罵。漸漸地，你就會看見另一半的轉變了。

誠實坦承內心

如果拐彎抹角地說話，男性們會聽不懂。如果丈夫的話從某一刻起變少了，請坦承地對他說吧！例如：「老公，我很想跟你多講講話，一起出去玩，但你好像不是這樣，讓我很不安。不知道是不是我做錯了什麼？或是你對我興致缺缺了？還是公司發生了什麼事？」

假設你是丈夫，請對妻子提議「要不要一起出去吃好吃的？」一起度過兩人單獨的約會時光吧。到了餐廳後，邊順其自然開口：「是我太無心了？」或「我愛你，謝謝你陪伴在我身邊」邊給妻子吐露心聲的時間。只需傾聽對方，女性們就會覺得很感動，原先的委屈也會像雪融化般輕鬆消失。

還有一點，每個人面對傾聽者時，一定都會打開心胸。所以當丈夫們講述公司裡發生的事，妻子們可以再多點聽得入迷的表情，豎起耳朵，給出適當的回應。比起女性，男性更不熟悉敞開心胸，因此常常覺得孤單，不懂得如何與人對話，所以無論是什麼話題，只要妻子用真心去傾聽與理解，都會有助於與丈夫之間的對話。

口才不好的男人沒有魅力？

第一個案例：我能結婚嗎？

有些人在愛情裡很痛苦，有些人連想要踏進愛情都覺得難。以下來聽聽他們的故事吧！

女生：「你放假的時候都會做些什麼？」

賢宇：「看電影。」

女生：「我也喜歡看電影，你喜歡哪一類型的電影？」

賢宇：「動作片。」

女生：「我喜歡驚悚片或詼諧搞笑片。最近有什麼好看的電影？」

賢宇：「《寄生上流》。」

女生：「啊～我也看過！還不錯，但最後一幕有點難理解，有點毛骨悚然。賢宇先生最喜歡哪一幕？」

賢宇：「都還好……」

三十歲中旬的賢宇這次又搞砸聯誼了。面對聯誼的女生，他既不提問，回答問題也是句點式回答，不給對方延續話題的空間。三十分鐘後，便尷尬地離開位子。

賢宇也想暢言，但他一見到人就不知道該說些什麼。從事重複操作類的工作，賢宇不需要與人交談，亦經常一個人吃飯，一整天不說話已是家常便飯。面對同性或異性，賢宇都不太會說話，連朋友們都說：「和你在一起時，確實經常被你句點。」

小時候非常淘氣的賢宇，於父母的嚴格管教之下，性格變得謹慎小心又內向，但同時也讓他無法與人好好交談，面對人畏畏縮縮，不敢展現自己。在朋友聚會裡，他不是像個透明人安靜地坐著，就是放馬後炮，導致冷場。他說：

昨天我又只聽別人說話了。雖然我也有想說的話，但最後還是吞進心裡了。回到家一直後悔「要不要說」，但回到當下情形，依舊什麼話都說不出來。雖然一起工作的阿姨要我「成為話匣子、多說一點話」，可是好難，我不知道該說什麼。我也想交女朋友，也想結婚，但一點進展都沒有，我究竟能否結婚？

第二個案例：怕自己不和人交談，一個人過日子

最近剛考上公務員的敏秀吐露自己的苦惱。

他說：「我二十幾歲的時候，生活過得很隨便，年紀輕輕的就去戒酒診所。有一天身為公務員的弟弟問我：『你打算一輩子過得像這樣嗎？』我聽取了弟弟的忠告，開始勤奮讀書，同樣考上公務員。」

「喔！恭喜你，接下來都是美好的時光了。」

「受訓兩個月，下個月要分配單位……我正在煩惱要不要放棄。」

「為什麼？這麼好的職業為何要放棄？」

「我不喜歡與人交談，因為表情、眼神、姿勢、態度和聲調，處處都要謹慎小心。為什麼是我要主動開口？一定要講個人私事嗎？說話的時候，大家好像都看透我的緊張，於是更加戒心防備，而且我很在意和害怕他人眼光，生怕說了之後受到傷害。不如不說，這樣就不怕受傷了……」

此外，他最後說的那句話在我腦海裡留下非常深刻的印象。

他說：「我週末一整天都在YouTube搜尋『說話技巧』，看了一整天的影片。」

第三個案例：周而復始的離別，是我的問題嗎？

女生：「勇浩，我們分手吧！」

勇浩：「咦？突然說這什麼話？」

女生：「不管我們交往多久，總覺得跟你很疏遠。每次都是我在講話，你都不說你的事。感覺我好像在對著牆壁說話，像個反覆記號，不斷輪迴。和你交往真的很無趣。」

勇浩不久前跟交往六個月的女友分手了，他說：

「我交了兩任女友，都以同一理由被甩。第一次分手的時候，不以為意；第二次又因同一原因而分手，大概就真的是我有問題吧！其實，我很不喜歡坦述自己的事情。」

為什麼我會害怕說話？

口才不好的人大致可分為三類。第一種類型是，認為閒聊很不必要，只說重點的「忙碌人」。他們喜歡有目的的談話，猶如賽馬只管往前衝，他們不太與小時候的朋友見面，也不愛說一些無關緊要的事，認為每個人的關心事不同，沒必要浪費時間，就算是戀人或家人，也認為與他們聊與工作無關的小事是一種奢侈。

「說重點。」

「那些話等回家後再說。」

「所以你想說的意思是什麼？」

這是他們最常講的幾句話。該怎麼與陌生人自然地產生對話氛圍，這個問題令他們非常傷腦筋，除了自己懂的領域外，他們一概不關心，頂多隨意聽聽，不會接續話題或提問。

第二種類型是雖然很想與人交談，卻不知該說什麼。

「每次和人說話，對方總是被我句點。」

「不知道該說什麼。」

「我一說話就冷場。」

以上是他們最常說的話。由於主動說話的經驗不足，並且習慣將關注力放在自身，以致於共感能力低落。說話技巧與實戰經驗雖息息相關，但如果每次都覺得自己與他人格格不入，不敢說話，情感交流變少，慢慢地，他們就會淪陷於自我情感，不僅無法感受他人的情感，還無法抓住對方說話的重點。也許是因為雙方思考的重點不同，或他們不仔細聽對方說的話，但最大的問題是他們不懂如何縮短彼此的距離。

最後一種類型是因為看人臉色或不知道該如何接受他人，以致於他們只說該說的話。這種類型的人會在他人面前形成一道防護網，說話小心翼翼，以防失誤或顯露自己的弱點，這類型的人會這樣說：

「與人交往，我沒勇氣主動靠近他，生怕他不喜歡我。久而久之，交談的時候總是當個縮頭烏龜，連朋友也只說表面話。」

「和人說話的時候總是要先經過七層重重關卡，不能說錯，於是不斷在腦海中思考，前後邏輯對不對？有沒有說錯？是否失禮……喝了酒之後，似乎可以縮短成三層關卡，但總而言之，說的比寫的難。寫錯，擦掉重改就好了，但說話，一言既出駟馬難追。因此，說話猶豫躊躇，最後變成只說重點。」

問題不在於「說話」，而是「內心」

我們需要注意的是第二和第三種類型，因為第一類型的人透過努力（傾聽、關心）及長時間的練習後，可以增進自己的口才，然而第二和第三類的人需要處理兩個問題：溝通方法與確立自信心。

「存在於團體生活卻沒有存在感」的他們，需要同時培養溝通方法與自信心，方能與人自然相處。以下以大元的案例，了解他如何搖身變成一個有信心及會說話的人：

「我從小就很會看人臉色，成為他人期望的樣子。我也知道適當的察言觀色是體貼；然而過度的看人臉色則是負擔。某天幾個三三兩兩的好友聚在一起吃飯時，他們說：『大元啊！你這樣一直看我們的臉色，我一點都不覺得舒服，你就放寬心吃吧！』這是我第一次知道原來其他人知道我在看他們臉色。而且在尷尬不熟的人面前說話時，更是會吞吞吐吐，因此周圍的人總認為我的口才不好。在這之後，我遇到一位認真聽我說話的人，這輩子從沒有過像他那樣擅長聽我說話的人。他無論什麼話題都能接下去，不對我做任何評價或批判。因此，我思考了很多，並觀察周邊的朋友們，其中有一個朋友他跟每個同事員工都相處得非常好，我仔細觀察了他，他顯現出的態度是『相信對方也喜歡我，所以主動先靠近對方』，於是我學習他，先向對方靠近，對方給的回應也還不錯，我的心情因此放鬆了許多。現在，我不再過度看人臉色，可以堂堂正正展現自己了。」

假設你參加了聯誼，對方的話是多的好？還是默默不言好？雖然兩個都不太好，但話多者仍較為舒服，只需要持續聽對方說話，適時給予回應，就不再會有下次了。那如果對方咬緊牙口，什麼話都不說呢？

腦海裡會浮現各種想法，如：「對我不滿意嗎？」、「對我不感興趣嗎？」、「顧及幫忙介紹的人，我該說點話才是，但要說什麼呢？」等等腦筋不斷打轉，為尋找話題，全身冒冷汗。

第一個案例的賢宇，和他聯誼的女生就是這種心情。賢宇從小被管教不得說話，長大成人後也時常一個人吃飯，漸漸忘了如何與人交談。彷彿一個人太久沒做菜，都忘了怎麼做菜，一個人太久沒講話，連怎麼說話都忘了，實在是又狼狽，又讓人感到惋惜。

第二個案例的敏秀，情形則更為複雜。過去的心靈創傷導致他不願多說其他的話，覺得與人說話太痛苦，不如不說話。與人交談時，對方若視線往其他方向，他的心裡則會擔心：「我又說錯了嗎？」、「我失禮了嗎？」表情變得冷淡。敏秀曾說：「不想讓他人看見我的弱點。」

他使用的詞彙裡，最令人印象深刻的是背信與背叛。沒想到八點檔劇裡出現的臺詞竟然出現在現實世界。他會把過往的事記在心上，記住人們的背信與背叛，無法抹滅。不過聽見敏秀利用週末一整天的時間找尋說話技巧的相關影片，表示他雖認為人際關係困難，但也很想與人相處融洽。

最後一個案例中的勇浩，不喜歡顯露本人的想法或情感，相當不擅長講述自己的故事。因此他說：「人說運動可以提升自信心，但身體練壯了，內心的自信依舊未能填滿。」雖然很想跟戀人分享日常生活的瑣碎小事，但講述有關於自己的事情會讓他很不舒服，覺得尷尬，促使他無法打開心門，在對方眼裡自然是「好像在對著牆壁說話」。他一旦犯點小錯就會很在意，也不喜歡出風頭，常以

「就這樣算了」的方式掩埋自我意見。

情感功能造就人際關係

丹尼爾．高爾曼對情感功能的定義是「自主誘引動機，為了安撫自我或他人情感，認知自我或他人感受的能力。」

情感功能強的人對自己的情感很了解，並能夠自我控制，客觀接受他人的感受，調節彼此的關係。

上述案例中三位不擅長說話的原因雖不同，但其中的不關心自我與他人感受（賢宇）、過度專於自我情感（敏秀）或刻意隱藏自我情感（勇浩）這三個現象皆與情感迴路不暢通有關。

賢宇的情形是，他看似對自己或他人都毫不關心，在職場上只對親近的人打招呼，也不會主動問候，完全不會表達本人的想法或情感。諮商的時候，他不曾問話或是反問，對於問題的回答，通常是「是」、「不是」、「很難說」或「我不清楚」等短句。賢宇長期與人斷絕關係，壓抑情感表現，逐漸失去對自己或他人細微情感的感受度。

對從小在待人處事層面上遭遇困難，長大後一個人住在套房超過十年的賢宇來說，那間套房是他唯一可以放下戒心的地方。他最近的煩惱是如何變得會說話，「交到女朋友，並結婚度過幸福的家庭生活」。

反之，敏秀和勇浩則是太在意他人如何看待自己：「人們都是怎麼看我的？」、「說這種話會不會被人當作怪人？」無法放下對於他人視線的警戒。

雖然他們像隻貓咪習慣躲藏，但經過一定時間的努力，仍有辦法學會與人親近的方法。唯獨，他們需拋開「閒聊對話是不必要或阿諛奉承的伎倆」的想法，並且努力找尋彼此的共通點，拓展兩人的交集。

這就是為什麼聯誼時都先從對方的興趣或平常生活在做些什麼問起，提出一些疑問，讓對方能夠公開自己的訊息，並敞開自我，彼此將會變得更親近。另外，不把對方當作敵人，甚至努力讓他成為我方的同伴，這樣的想法更棒，一想到有困難的時候，互相幫忙的朋友變多了，便會令人很欣慰。

好的「回應」是成功的一半

以下介紹口才不好也能與人相處融洽的三大方法。若是在一早起床時下定決心要改變自己，主動對第一次見面的人開口講話或積極靠近對方，容易會產生副作用，因為對話不會照自己的想法走。擅長說話的人因為經驗豐富，能夠跟隨人們的反應隨時應變，但口才不好的人常常以自己腦海中的想法向人提問，容易造成尷尬局面或引起對方的反抗，舉例如下：

不自然的對話情境

我：「（對初次見面的人）你看起來很累，昨天沒睡好嗎？」

對方：「對，昨天公司事情很多。」

我：「昨天幾點回家？」

對方：「凌晨一點。」

我：「這樣真的很累，今天還來參加這個聚會，沒關係嗎？」

對方：「沒關係，我靠精神撐住。」

我：「哇，真了不起。（沉默）」

自然的對話情境

我：「（對初次見面的人）你看起來很累，昨天沒睡好嗎？」

對方：「對，昨天公司事情很多。」

我：「前不久，我公司也很忙，加班了三週。事後腦袋變得似夢非夢，完全呆滯。是說，昨天你幾點回家？」

對方：「凌晨一點。」

我：「天啊！一定很累吧！現在還好嗎？需要幫你買一罐提神飲料嗎？」

對方：「不用，沒關係。」

我：「那，我請你喝一杯冰咖啡，你喜歡哪一種咖啡？正好我也想喝咖啡。不喝咖啡的話，你想喝什麼飲料？」

人的性格非說一夕之間能夠改變，先練習在對方開口說話的時候給予點頭或其他回應吧！每個話者都會等對方的回應，確認對方是否有在聽自己說話或是否同意自己說的話。大部分口才不好的人通常是無回應，所以先從「熟悉的親朋好友」練習回應吧！停止內心的想法，想著對方的故事很有趣，最重要的是不要低著頭或視線看其他的地方。

賦予回答想法與感受

針對他人的提問，若以句點方式回答，話題難以延續。練習如何回答問題並增添回答以外的一句話吧！假設有人問：「喜歡旅行嗎？」

「嗯，我喜歡旅行（回答）。上個月跟家人一起去了塞班，根本是《叢林的法則》會出現的地方，超級有趣（經驗與感受）。」

「不喜歡（回答），我有懼高症，很怕搭飛機（理由）。」

聽你一說，我想起一件事

等待對方把話說完後，試著添加連接語延續話題也是不錯的方法，例如：「聽你一說，我想起一件事」、「我的好友之中也有像你說的這種人」、「我也有相似經驗的說」。若欲在對方講述的話題上搭建橋樑，必須看得多、聽得多，以及累積許多親身經驗，才能增添話題的豐富度。透過自問自答，練習對談也是不錯的方法。

希望大家可以藉由這些方法，未來可以擁有良好的對話。但，千萬不要試了一兩次不行就放棄或斷了這個念頭，至少要持續練習六個月。一階一階往上爬，嘗試各種說話模式，自然而然會更加流暢。

CHAPTER

2

無法忘懷的那句話

你也生一個跟你一樣的女兒試試

我是媽媽的情緒發洩桶

有些事情雖過去已久，卻仍歷歷在目——媽媽收到我在學校做的紙康乃馨後的開懷笑聲、爸爸教我騎腳踏車的年輕嗓音，仍留存在腦海裡。

但除了溫馨的回憶外，亦會想起過去痛苦的回憶。這些回憶，就算年紀增長，也不會消失，一直積壓在心中——總是關著燈的灰暗的家、等待父母歸來的同時，和哥哥一起丟著小石子玩，結果發生事故，在受傷的額頭上邊哭邊用封箱膠帶貼住傷口……小時候的一個小事件成了長大後一生的創傷。

孝媛與我經歷過相似的情形，她很討厭跟別人打架，害怕別人大聲說話，甚至產生恐懼感。因為從小看著父母每天大聲吵架、互相砸東西，導致她在無意識中會閃躲與他人吵架或發生衝突。從孝媛很小的時候開始，媽媽就會不斷向她訴苦，訴說爸爸的不是。

「我遇到你爸，人生才會變成這副德行，你爸性子不好，要不是我，有哪個女人會想跟他一起生活？為了你，我忍，知道了嗎？要不是有你，我早離開這個家了。」

小時候的孝媛聽著媽媽說的話，真的以為爸爸是壞人，也因此對爸爸很不友善。直到升到國小高年級，孝媛有了分辨事理的能力後，便不再回應媽媽的話，只是默默安靜地聽媽媽說話。

孝媛最不理解的一件事是：為什麼媽媽對哥哥都無怨無悔地照顧，只在她面前訴苦發洩壓力？到底為什麼？

如今孝媛三十五歲了，到現在媽媽依舊向她發牢騷：

媽媽：「你知道你不在的這段時間，我有多痛苦嗎？你爸又喝醉回來……」

孝媛：「媽，你可以不要再跟我講這些了嗎？」

媽媽：「沒地方說，我心裡鬱悶啊！聽你媽媽說話這麼痛苦嗎？除了你，我還能跟誰說？」

孝媛：「媽，我每天都聽同樣的話也會累，而且我不想和你一起罵爸爸。」

媽媽：「真是不孝女，你總這樣，都不聽你媽說話！」

孝媛：「媽，好了，我也忍得很辛苦！」

媽媽：「你就跟你爸一個模樣，冷酷無情，真不知道為什麼會生下你。要我死了你才會知道後悔吧？以後你也生一個像你的女兒試試！不用擔心，我不會再跟你說話了，讓我一個人孤老死去吧。」

孝媛：「媽，你到底想幹嘛？我又不是這個意思！」

和媽媽大吵一架，跑出家門的孝媛坐在咖啡廳裡，隨著時間過去，抑鬱的心情卻仍在。不知是否因為小時候常常看見媽媽憂鬱的模樣，孝媛的性格變得非常負面，極度不喜歡聽人說話，消磨情感，漸漸愛上一個人獨處。

孝媛長大成人後，以客觀角度看待媽媽，發現媽媽有許多缺點。雖然自己現在年過三十，試著包容及理解媽媽的一切，但曾幾何時起，她只要聽媽媽說話，心情就會很煩躁。

孝媛認為媽媽很容易自我陶醉，並認為任何事都是別人的錯，說話總由罵人開始，自戀結束。媽媽這般模樣雖然很可憐，但她真的不想再看到了。可是，血脈又不能說斷就斷，只能嘆口氣。

「為什麼別人看起來都很幸福，只有我三十五歲了，還在為父母心累？」

大學時，孝媛離開鄉下老家，北上首爾唸書，努力試圖離開父母，自我獨立。正確來講，孝媛是想脫離父母的情緒勒索，所以必須經濟獨立，每學期都是圖書館全勤獎學生，也會去宴會廳打工賺取學費和生活費。

孝媛以為經濟獨立後，即使偶爾和父母見面，也會忘卻傷痛、關係變好，但過了三十後半，她的心裡仍留下疙瘩。因此，某天孝媛提起勇氣跟媽媽說：

孝媛：「媽，你還記得我國一時離家出走兩天嗎？」

媽媽：「嗯，當然記得，你那時候離家出走，媽媽不知道有多震驚……」

孝媛：「當時我真的很討厭被媽媽打，說謊被打，不寫作業也被打，也會說我比隔壁家的敏華不會讀書，在那發脾氣。還有一些事情根本不是我的問題，明明是哥哥的錯，被罵的卻是我，當我向媽媽訴說委屈時，結果又說我是在頂嘴，當時實在是忍無可忍，你知道嗎？」

媽媽：「你說什麼話？我何時這樣做了？」

孝媛：「媽，你當時是這麼說的：『現在還敢頂嘴了？真是沒教養。我是怎麼把你養大的，竟然敢跟媽媽這樣說話，真是忍無可忍。』」

媽媽：「你真奇怪，都過這麼久了，怎麼還記得？連這種小事都放在心上，你媽我怎麼敢跟你說話？」

不過是想聽媽媽說一句「對不起」，媽媽卻說自己不曾做過，前所未聞，是她反應太敏感，對孝媛發著脾氣說：

「當時維持生計辛苦啊！雖然我們家境不好，不能給你們所有想要的，但也沒拋下你們不管。」

媽媽理直氣壯的回答讓孝媛無話可說。心理學書籍上說：「向父母訴說小時候受過的傷害，得到父母的道歉，便可痊癒。」但這種事似乎不會發生在自己身上，孝媛苦笑著。

想一想，媽媽也很可憐，她應該也是遭受外婆這樣的對待，在不得已的困苦家境與婆家生活中照顧小孩，犧牲了一部分的生活。

當時不像現在有很多的選擇餘地及資訊，媽媽僅能倚靠自我經驗培育孩子，但其代價是：子女必須當媽媽的情緒發洩桶。但這是理所當然的嗎？其他家的小孩也是這樣嗎？孝媛很好奇。

長大的路途

父母組成的家庭環境會影響到子女的成人時期是不可否認的事實。

「小時候，父母不愛我，也不幫我，所以我一個人扛起所有一切，一步一步往上爬，終於成功了。但現在我仍怨恨父母，父母當時若再多愛我一點，多幫我一點，或許我會是一個更溫暖的人。」

這是一位中年婦女怨恨父母的故事，聽完她的這番話後，我仔細重想為什麼年幼的傷痛會伴隨人的一生。

總而言之，我們不能一直陷入那樣的情境，持續待在過去，將無法享受當下，因為一直活在過去，我們無法專注於現在我們能做及該做的事情上，心理狀態會變得柔弱。

與其去想為什麼父母會這麼做，怨恨他們或過往之事，不如去思考自己該如何活得更好。好事只會發生於現在或未來，現在或未來的每件事都能倚靠自己的力量去改變。

我們必須認同：父母並非為完美之人。將他們視為不足、可憐的存在，我們方能安撫自我內心，將專注力放在當下，並告誡自己不該隨意對待自己的子女。過去的我因年紀尚小，力量薄弱，需要倚靠他人；但現在的我應成為「自我人生的主人」，學會自我安慰，成為對於自己的每個選擇，都能夠接受與負責的大人。

拋開「因為媽媽，我過得不好，未來也無法成為一個好父母，這都是媽媽造就的」的想法，應想「多虧媽媽，讓我知道如何做才能過得更好，怎樣做才不會帶給子女傷害，以媽媽為借鏡，別給我的孩子帶來這樣的傷害，由我開始截斷這個惡性循環」。現在我們不僅從經濟上獨立，情感上也獨立了，長大成人，可以自我決定了，我才是自我人生的主人。

我曾於MBC電視節目《人類紀錄》裡聽到少女時代成員Tiffany的故事：她一個人在十五歲時離家，倚靠自己的努力成為明星。這樣的她，從小開始，就因為父親的債務，過得非常痛苦，有時還必須背負家裡的金錢責任，但當她回溯自己那段辛苦的時光，她說：

「每次憂鬱症發作的時候，姊姊都會對我說：『你可以覺得有事，但一切都會沒事的』。其實不只是我，換作是別人，也會有想躲藏、放棄，產生負面情緒的時候，但如果我能在這種時候向他們展現勇敢的一面，他們或許也能一起克服苦難。無論是身為藝人還是一般人，我都希望能帶給大家健康幸福的Tiffany。」

現在，你可以不用裝作沒事，即使有事，總有一天也會沒事的，而且當他人看見你充滿希望的一面，亦能從中獲得勇氣。

可以忍受冷飯，但不能忍受冷言冷語

中國有句俗諺：「冷茶冷飯能吃得，冷言冷語受不得。」由此可知，父母子女之間也有不該說的話。可是，我們常因生氣，擴大自我情感，吐露荊棘般刺耳的話。

子女不該對父母說的話

「早知如此就不該生下我，不要讓我活在這個世界上。」

↓（聽到這句話的父母）「我花費心思把你養這麼大，你怎能這麼說？

即使辛苦，還是希望能給你更好的生活……」

「媽，你有給過我什麼嗎？」

↓（聽到這句話的父母）「雖然不能給你物質上的富裕，但我已經盡全力給你最好的了……」

「我不想活得跟媽媽一樣！」

↓（聽到這句話的父母）「原來我的人生白活了，連子女都不認同我。」

「媽，你懂什麼？明明什麼都不懂！」

↓（聽到這句話的父母）「是，我是什麼都不懂的笨蛋，你又不跟我說你在想什麼？」

父母不該對子女說的話

「早知道我就不該生下你，真不知道為什麼要生下你，以後你也生一個跟你一樣的孩子試試。」

↓（聽到這句話的子女）「那你為什麼要生下我？為了傷害我？」

「媽媽有做什麼對你不好的事嗎？」

↓（聽到這句話的子女）「你滿足了我所有的慾望，是嗎？所以要來向我討債，是嗎？」

「你不能活得像我一樣。」

↓（聽到這句話的子女）「媽媽不喜歡自己的人生，跟我和爸爸生活就這麼討厭嗎？」

「你年紀小，懂什麼？在那邊裝懂。」

↓（聽到這句話的子女）「我這個年紀，該懂的都懂好嘛！不要看我年紀小就瞧不起我。我不想跟瞧不起我的人說話。」

倘若父母子女之間不相愛，彼此為了減少自己的情感負擔，隨口說出令人厭惡的言語，又怎麼能夠去愛人呢？

談吐悲傷與差別對待的時候

洛杉磯加利福尼亞大學（UCLA）精神科教授丹尼爾・席格曾說：「心由人際關係生成。」倘若父母子女之間留下負面情感的疙瘩，子女長大成人後效仿的機率就會提高。就算盡全力斬斷過去，重設新的未來，那份情感仍在。

假如你想揭開過去的傷疤，卻沒有自信淡然講出來，可嘗試這個方法：視父母為「VIP客戶」。服務VIP客戶的時候必須盡全力配合客戶的心情，不能刺激客戶，應隱藏自己內心的情感，故若對待父母如ＶＩＰ客戶，便能多一點冷靜，以客觀的角度講述留下傷痕的過往。

有人會問：為什麼要做到這種程度？因為這樣不易引起口角，能與父母更深入談論此事。假設以「當時為什麼要這麼做」的方式追究父母，於父母的立場會認為子女在頂撞他們，產生反彈效果。

應該要擺著最冷靜的表情，說：「我很想跟媽媽相處融洽，對媽媽展現我的愛意，但因為這件事一直耿耿於懷，讓我無法這樣子做。」建議以這樣的方式揭開傷痛的本體，畢竟人們對弱者都會產生惻隱之心。

父母可能不聽你說，或不承認這件事，都無妨。因為能將長期以來折磨自己、勒住脖子的事實向當事人說出來，已經非常了不起了。重點在致力和解、恢復與父母之間有好的關係，非於雙方的爭吵。如果父母是成熟，並可接受錯誤的人，彼此的關係一定會漸漸好轉；反之，如果父母的心眼狹小無法接受錯誤，那也是沒辦法的事。

身體真的很痛的時候，會痛到連哀號聲都叫不出來；同理可證，心真的很痛的時候，也會痛到無法言語，所以以言語表達傷痛的這個動作能讓我們擁有戰勝傷痛的力量，當未來一點一滴變好之後，傷痛就會不知不覺成了過去。再過一段時間，那份傷痛將會消失。

站在父親身旁，覺得窒息

單獨兩人相處的尷尬

你和父親的關係好嗎？若換算成分數，滿分一百，你可以得幾分？假如你是一位男性，長大後有跟父親一起去洗過三溫暖或一起喝過啤酒嗎？假如你是一位女性，你有跟父親兩人單獨吃飯過嗎？兩人一起拍照的回憶是？

放眼望去，身邊的親朋好友很少有人會跟父親一起談真心話或一起喝酒。或許會有人想：「平時家人吃飯的時候就很少說話了，單獨相處的時候能說些什麼？」許多人透露自己難與父母說話，因為他們每次不是嘮叨就是訓誡，話題容易間斷。

二十八歲的尚旭升上國中後越來越少跟父親聊天，對話也變得簡短。他父親是一位稅務員，每天不是在稅務局上班，就是待在家休息。在尚旭很小的時候，父親總忽視他的意見，以自己的思維主導一切。反之，尚旭與母親的關係很好，因為母親會傾聽尚旭說話，尊重他的意見，於是無法對父親訴說的煩惱與日常生活小事，尚旭都向母親吐露。尚旭平常跟父親最常講的話題是「找媽媽」：

尚旭：「媽媽去哪了？」
父親：「去市場了。」
尚旭：「好。」

或是，父親問尚旭：

父親：「你媽何時回來？」
尚旭：「我打電話問她。」

然而，父親於兩年前退休了，不用上班的父親每天都坐在客廳拿著遙控器看電視。尚旭不喜歡與父親碰面，一到週末，便寸步不進客廳。有一次他問父親：「您不出去見見朋友嗎？」父親沒有什麼反應，或許父親過去的時間全奉獻給了工作，沒什麼朋友或興趣吧！

又過了一段時間，發生了一件大事。父親誤將所有家當投資給友人，結果退休金一下子全飛，家裡的衝突越演越烈。父親待在家裡的日子變多後，將所有責難的箭靶射向準備考公職的尚旭：

「都準備了三年還考不上，你是不是低能啊？」

「我從現在開始準備，搞不好比你快考上，你到底有沒有專心念？」

「你就是一個要飯吃的飯蟲，我養了一個飯蟲，你這個飯蟲！」

因父親而受氣的尚旭，整天關著燈待在房間不出門。兩人的衝突越陷越深，尚旭再也不跟父親說話，趁著父親不在的時候才會踏出房門到客廳歇息。這種狀況持續著，尚旭無法專心唸書，只想著要搬出去。

「在家好像要窒息一樣，無法再一起生活下去了，為了自己，我想搬出去。」

父親猶如陌生人

曾有一對四年不說話的父子檔上KBS2電視節目《大韓民國談話秀：你好》試圖和解。因高中升學問題，兒子與父親不再一起共桌吃飯，看也不看對方一眼，將彼此當作透明人，以下來聽兒子的闡述：

「現在爸爸坐在我旁邊，我很不習慣。從小常被爸爸打，當時以為是理所當然，但升上高中後，實在不理解被打的理由為何。有一次，我早退說要剪頭髮，爸爸就拿起剪刀把我的頭髮剪光光。類似的事情一而再再而三地發生，就對爸爸心生怨恨。」

不跟子女溝通的父親，難道只是尚旭或是會在電視節目上出現的那些家庭的問題嗎？根據人民團體「一起傾聽」實施的調查結果，在一千名成人男女中，「過去一週不曾與父親說話或溝通」的比例佔了百分之四十。

此外，問卷的其中一題是與父親的溝通良好程度，回答為「非常好」的比例僅佔百分之十二；「不好」為百分之五十。由此可知，父親猶如「第一次見面的陌生人」，彼此關係非常尷尬。

「我和父親不能溝通！」從青少年到成人，不少人表示自己與父親難以溝通；同樣地，父親也不能理解子女們：「我把他養這麼大，怎能這樣對我！」

子女從出生的那一刻起，便與父母共同生活，竟然會產生溝通困難實在令人感慨，但這又是一件傷感的現實。也許，這樣的問題不僅存於現代社會，是一個已存在許久的問題。為什麼面對父親猶如「第一次見面的陌生人」令人尷尬？原因可分為三個。

生計擺第一位，所以「時間不足」

韓國五、六十歲世代的中年人背負著重大的責任感，他們要扛起上一輩父母及下一代子女的生計，每天熬夜加班，別說跟孩子聊天了，連見上一面都有困難，更遑論與家人相處的時間。

相處時間短，子女自然會對父親產生距離感。而子女漸漸長大，開始進入上補習班或留校晚自習的階段後，待在家裡的時間也變短了。以忙碌沒時間為由，彼此對話逐漸減少，自然而然沒了溝通。

威權主義：照我說的話做

權威與威權主義皆會讓他人跟隨自己，但權威是自發性的，威權主義則是強迫性的；權威會使他人發自內心認可，威權主義則是強求他人的認可。

長久以來，父親為一家之主的父權社會風氣普遍化，「父親」一詞給人嚴厲、兇狠，以及難以靠近的形象。無條件跟隨威權主義又寡言少語的父親被認為是一種普世美德，我們也在隱約中將這種順從的風氣強加給下一代。

不曾與父母心平氣和談話的人們說：「他們總是不理解我。老實說，我也有自己想做的，但不管我怎麼說，他們都會說是我錯，對我指指點點。當雙方意見不合時，他們不尊重我的意見，無條件是父親說得對，像是把我關在他們的圍籬裡一樣，連價值觀都認為他們才是對的。不聽我說的話，只顧父親的想法，因此經常發生口角，現在就自然而然地盡量避免與他們說話了。」

沉默太久，說話尷尬

子女從小習慣不與父母溝通，迴避談話，於是跟父母說話時特別尷尬、彆扭；而父母因為不懂如何與子女溝通，無法了解他們的想法與興趣，沒有共同話題，所以時間久了，彼此也變得尷尬。尤其是父子或父女間真摯的對話更是鮮少，隨著時間流逝，子女長大成人，對父母逐漸少了關心，不再好奇父母。

令人感到有趣的是，青少年子女與父親之間的話題尚有「學業、成績及未來出路」，但等子女出社會後，則無其他話題可說了。

相反地，母親與子女之間的話題通常和「情感與想法」有關，所以子女必然會將父親視為「賺錢的人、只會叫我讀書的人」。青少年子女最常聽到父親說的一句話是「去讀書！」而父親最常聽到子女說的一句話是「給我零用錢！」

彷彿一個人掉到無人島裡

在釜山工作的東炫也是相同的處境，一個月只回首爾見家人一兩次的生活持續了好幾年。兒子女兒長大後，假日也忙碌到難以見面，更別說是平日，連一通電話都沒有。兒子在青少年時期沉迷遊戲，時常讓他傷心。考進教育大學之後，又突然在成為正式教師的前一刻說要換跑道，把家裡搞得雞犬不寧。

面對不照期望走的兒子，他覺得兒子靠不住；兒子面對不願認可自我選擇的父親，同樣冷淡對待。而老二在青春期後就跟他變得尷尬，幾乎沒再說過話。東炫再三年就要退休了，對此很擔心。與家人們住在同一個屋簷下，彷彿掉到無人島上，非常孤單。雖然為家人犧牲奉獻了一生，但在這家裡似乎沒有他的立足之地。

以往認為「沉默是金」、「男子漢大丈夫不准哭」，所以長期寡言、壓抑情感的中年男子們，突然要求他們改變，的確會一時難以接受。但世代不斷演變，勢必該學習一些說話技巧。

1. 關心子女，找尋共同話題

和孩子最好的溝通話題是談論他們的興趣。這時，生活態度、成績、未來出路、就業、結婚及金錢是「禁止」話題，當這些話題說出口的那一瞬間，他們立刻會覺得父母要開始嘮叨了，所以切記不要說一些禁止話題。

可以從簡單話題開始聊，如運動、藝人、旅行或電影等，再慢慢找出共同的話題，延長彼此之間的談話。也是建議共同外出，如：一起出去吃飯、散步、旅行或分享興趣，在新的環境共度時光，有利於了解彼此。

有句名言是：「相愛讓彼此了解，了解後就能看見彼此，此時會看見與以往不同的彼此。」因此，當相處時間變長，對彼此的了解也會更多。還有，請以具體的言語表達對子女的關愛，透過具體的言語表達，孩子會給出更多回饋。

也要練習了解他們的日常生活，互相分享，如：「最近俊坤過得如何？之前說交往的女友，還在嗎？」、「爸爸之前推薦的電影，看了嗎？還沒看的話，要一起去看嗎？爸爸還想再看一次。」

2. 換作是我，會如何站在子女的角度想？

子女迴避與父親談話的理由之一是不管什麼時候，只要和父親說話就會被罵。「你穿那是什麼衣服？」、「大人就該有大人的行為，到現在還這麼幼稚？」聽到這些話，有哪個子女會欣然接受？

升上國中後，孩子的自我意識越來越顯著，然而在父母的立場，他們總以「年紀還小」的想法對待孩子，即使孩子成人，依舊認為他們「尚有不足」、「還差得遠」，於是無法站在孩子的角度進行對話。

與子女溝通時務必切記三件事：一、「努力理解子女的想法」。倘若無法同意子女的想法，也請認同他們。人是非常渴望獲得認同的動物，假設父親好奇自己的想法並給予認同，子女也能透過與父親的談話化解情感糾結。

二、子女說話的時候，即使有令你不同意或不舒服的言語，也別中途插話，先讓他們說完後再闡述自己的想法。

三、聽完之後，請不要擺臉色或訓誡子女。別以「所以說是你的問題！」、「既然你要隨心所欲，以後你自己決定！」的方式指責他們。

剛辭職的素媛與父親議論過很多次有關辭職的事，每次父親的回應都是「你辭職後能去哪，多堅持一下」，但當素媛真心覺得累的時候，父親卻對她說：「沒必要做到這程度，辭職吧！反正你實力堅強，到哪都可以做得好。」素媛聽了父親的這番話，表示「其實我就是想聽到這句話，謝謝父親。」父親的認同與支持帶給素媛非常大的力量。

3.母親扮演的橋梁角色很重要

雖然父親先改變姿態靠近子女是最好的，但實在不容易。畢竟長久養成的習慣已存於體內，父親們總是喜歡隱藏自我情感，不透露給子女。向外展現柔弱的一面並非男子漢的作為，於是不曾顯露半點辛苦、煩惱的樣貌。況且，他們未曾在職場之外實現自我的經驗。

這時，母親扮演的角色就很重要。需要在疏遠與建立連帶感之中二選一，假設母親要子女疏遠忙於工作不顧家人的丈夫，父親的孤單感則會擴大。

母親應於通訊軟體建立家人群組，培養家人之間共享訊息的連帶感，而不是向子女抱怨：「你爸對我們根本不關心。」母親若協助父親創造家庭地位，子女與父親對話的機會則會變多。

你明明自己也什麼都做不好啊

在他人面前讓我成為笑柄

藝珍前幾天和女兒大吵了一架。那天女兒說自己有一個認真交往的男友，想要介紹給她認識，見面前，女兒叮嚀她：「千萬別在我男友面前亂說話。」藝珍笑著說：「我說那些幹嘛？媽媽一定會表現得很好的。」

藝珍與女兒提前抵達約定好的咖啡廳，過了一會兒，透過玻璃窗，藝珍看見女兒的男朋友走了過來，當她看見女兒的男友長得帥氣又可靠，開懷笑著說：

「我們家女兒交到不錯的男朋友喔！」

「是齁？」

兩人面對面笑了，一會兒，女兒的男友走進咖啡廳，向兩人打招呼，藝珍開心地接受問候。

「您好，我聽她說過您很多次了。」

「很高興見到你，長得高䠷帥氣，手臂也很修長。哪像這孩子因為跟我長得像，所以個子矮小，哈哈。」

女兒的臉色皺了一下，雖然放過媽媽一次，可是藝珍繼續以不給人顏面的語調對女兒說：「你跟男朋友走在一起，顯得你腿更短了。往後裙子穿短一點！」

「媽！你在說什麼啊！」

女兒因為媽媽在自己男友面前損她，而產生怒氣。

最親近、親密的家人

世界上最親近、最懂自己，同時也是最容易對缺點做出指責的人，無非是父母。當路邊擦身而過的人指責自己的時候，可以想成「他不懂我因此隨意亂說話」，但換作是最親密的家人貶低自己，留下的傷痕是無法抹去的，即使到了成年，甚至到了中年，依然會耿耿於懷。

有哪個父母會希望自己的子女不成材？一定都是希望他們成為比自己更出眾、內外兼具的一表人才。但我們都是在無知的狀態下成為父母，我們討厭從父母那聽到的言語，例如：「你不行的！」、「你就是這副德行！」、「你到底會些什麼？」都會若無其事地原封不動講給下一代聽。

更嚴重的是，我們不知道自己平時說話的習慣，沒意識到那些話會造成對方的傷害。那些父母不知道會對我們造成傷害的話，我們也同樣無意識地轉嫁給下一代，貶低他們的自尊心。這是一個非常令人傷心的事實：我們既是受害者，但也同為加害者。

回溯一想，我大概是在三十歲初恢復自尊心，在完美主義者的媽媽眼中，我是一個無論做什麼都不足、魯莽及沒有毅力的小孩。「優柔寡斷是你的毛病」、「連這麼簡單的事都做不好，還有什麼能做得好？」我從小聽著媽媽的這些話長大。

二十五歲之前，我常覺得自己是「沒有才能的人」。勇氣不足，毅力不夠，所以不敢挑戰新事物，即使挑戰，仍不能堅持到最後。

不過，到了三十歲，考上研究所、進入職場、結婚生子後，我才意識到自己已經脫離了這條長長的隧道。我在老大三歲的時候考進研究所，途中歷經老二誕生，休學一學期，後來與同學一起畢業。在撰寫論文的那最後一學期，我開車經過市內循環道路的洪智門隧道與貞陵隧道，當陽光照進車子裡時，我突然有個想法：「我經過人生中一條很長的隧道了啊！」漸漸開始認可自己是一位不錯的人。

雖然當時尚未意識到這個想法意味著什麼，但它成為我恢復自尊心的契機，我開始能在他人面前侃侃而談。現在，我領悟到「我是一個非常不錯、有力量的人」面對他人更坦蕩，待人處事的能力也有所增長。到了三十歲，方才領悟「我是我自己人生的主人」。

一輩子癒合不了的傷口

有一個案例：四十五歲左右的世浩的父親在不久前過世了。但他一點也不難過，父母在他十二歲那年離婚，此後母親經營一間小型超市撫養他和弟弟，與父親每年見兩三次，見面只是為了拿零用錢。

而父親在一年見不到幾次的場合中，也不斷說一些令人受傷的話：

「你個子這麼矮，以後該怎麼辦？」

「你個子矮，又交了一個矮個子女友，未來怎麼辦？」

「〇〇大？聽都沒聽過，從那所大學畢業後，找得到工作嗎？」

世浩一直告訴自己父親雖話說得難聽，但實際上內心不是這麼想的。在結婚之後，世浩每年也差不多拜訪父親三、四次，直到發生了一件事，讓世浩決定再也不見父親了。

突然因腦阻塞昏倒的父親住院後，世浩請假一週去當看護，父親對他說：「身為男子漢，你爸生病了，卻只能做到這樣嗎？」世浩聽完這句話，深深受傷，便再也不去看父親。而那之後，父親淒涼地靠在再婚妻子身旁迎接死亡。

但世浩一點也不難過，他不僅對父親一點情感都沒有，與父親之間的回憶也皆是「挨罵、嚴刑拷打，以及被罵沒教養、無能」。

越是親近的人，越容易肆無忌憚地說話，打著「我們是家人」、「我最懂你」的名號傷人。由於彼此不知道傷害到了對方，所以不會道歉或承認自己說過這些話，在子女心中存留傷疤。滿四十歲的世浩完全不為父親的死亡感到難過，正是因為他心中的傷痛。

直到闔目的那一刻依然好奇的「那個問題」

「為什麼要這樣對我？」

飾演電影《不悔》主角的李秉憲為了將這個問題問出口，賭上自己的性命，與數十名對手進行了肉搏戰和槍戰，最後聽完答案後才離世。而這是一句很多小時候因父母受傷的人都想問的話。

你對家人說話的態度是？以下檢測你的說話習慣：

努力遵守對家人說話的禮儀（是／否）

視狀況與場合委婉說話（是／否）

情緒上漲或生氣的時候也會努力心平氣和說話（是／否）

自我注意不在孩子面前說別人的壞話（是／否）

父母或孩子不同意自己說的也不會刻意說服他們（是／否）

專注聆聽孩子說話（是／否）

不會隨時把愛掛在嘴邊（是／否）

在越親密的人面前越容易不自覺隨意亂說話，常常以愛為名，將嘮叨掛在嘴邊。但是，這些話仍須委婉地表達，因為他們都有可能是傷害人的毒藥。那究竟父母傷害子女的是哪些話，又該如何換另一個說法？

責備錯誤

「你做事就是這樣啊！」

「一定是你不認真才會這樣啊！」

「這麼簡單都不會，那還能幹什麼？」

↓換句話說

「事情就是這樣，不一定努力就會成功，下次做好就好。」

「我小時候手也不巧，你應該是像到我，每個人都有擅長跟不擅長的。」

批評外貌

「你該減肥了，像隻豬一樣。」

「人醜，再怎麼打扮還是醜。」

「打算當藝人嗎？不念書一直打扮，還有腦子嗎？」

「拜託你稍微打扮一下吧！穿成這樣有誰會要你？」

「沒有別人可以挑了嗎？你男友個子也太矮了吧？」

↓換句話說

不該批評他人的外貌，倘若父母希望孩子減重，應該先從自己開始，展現自己運動減重的一面給孩子看。

如果想讓孩子減重——「要跟媽媽一起出去散步嗎？長期坐在家裡，對膝蓋關節不好。」、「有空的話，一起去爬後山吧！我一個人去好孤單。」

如果孩子過度在意外貌，改以建議穿著打扮的方向說話——「今天妝化得很美唷！但口紅顏色再淡一點，好像更搭衣服。」

如果孩子不注重外貌，可以從外貌以外的話題下手——「我家女兒的魅力就是樸素，愛笑又懂得別人說的話，大家越是了解你，一定會越喜歡你！」

身高的話題是無底洞，請不要提出。

比較他人

「別人家的小孩每個都很孝順父母，你呢？」

「○○家的女婿都做得比你好。」

「聽說○○給他父母一百萬韓圜的零用錢。」

↓換句話說

吃過才知道好不好吃，沒經歷過的我們，如何懂別人的家庭狀況？若欲刺激子女或羨慕他人而將子女與他人做比較，反而會降低他們主動的動機，有話不如直說：

「最近你是不是太不關心爸爸媽媽了？有點小難過。」
「金女婿，最近很忙嗎？想見你一面都很難呀。」
「你這個月能補貼媽媽一點醫藥費嗎？媽媽擔心付不出醫藥費。」

瞧不起人

「你想清楚後再跟我說。」
「我真的是啞口無言了，你連這都不懂？」
「你有哪件事做好過？」

↓換句話說

「我沒聽懂耶，你可以再說一遍嗎？你剛剛說什麼？」
「要再講一遍嗎？這次要記住喔！」
優缺點一起講，以及提示本人希望的方向——「你很會做飯，但水槽弄得太亂，下次希望你可以邊做飯邊整理。」

悲觀態度

「這事好像成不了。」

「應該不是這樣。」

↓換句話說

「試試看，反正誰也不知道結果。」

「盡力去做的話，說不定會成功。」

「再怎麼樣，至少不會後悔。」

否定子女的存在

「你像誰了？怎麼會這樣？」

「我生下你，找罪受嗎？」

「什麼子女，根本是冤家。」

↓換句話說

必須注意不得貶低子女的價值，有話想說時，請針對事情說，別針對人。

「你做的這個行為實在太讓我傷心了。」

「說話傷人是不對的，說這種話中傷到我了。」

另一種情形是在他人面前貶低子女，這種降低自己的身分，抬高別人的做法不是謙虛的表現，反而會害了自己。

第二十一屆國會議員選舉即將登場，其中一位候選人劉勝民議員在遊說期間說過的一句話：「謝謝大家來到這個『仁川鄉下之地』。」引起了一番波瀾。雖然我們常對客人說：「簡陋之地，感謝您的大駕光臨。」但這位候選人的話忽視了地方居民的心情，只一心一意想抬高其他人的位階，因此招受極大的反彈。這種情形同樣會發生在家人和朋友之間。

企圖表示謙虛

「我家孩子的個性就是這樣，還不太會賺錢，哎，怎麼在這世界生存啊……呵呵！」

他人的想法：天啊！她家孩子似乎沒有什麼能力。

子女的想法：我錢賺不多，連父母都覺得我丟臉。

向初次見面的人針對子女的外貌道歉

「（向服裝店的店員）這孩子最近胖了，不知道有沒有他能穿的衣服，真的胖太多了……」

他人的想法：父母連自家小孩胖了都知道。

子女的想法：媽媽覺得我長胖很丟臉。

自認為是「客觀的父母」，不包容孩子

「（跟配偶吵架的話題）心眼這麼小，有誰敢喜歡你？真同情你的妻子／丈夫。」

他人的想法：他應該哪裡做錯了吧！連自家媽媽都不站在他那邊。

子女的想法：哎，這世界沒有我能倚靠的地方，或許我真的是一個廢人吧！

夜晚星空團聚，閃耀發光

夜空中的星星也是在「家人」團聚時閃耀發光。根據美國西華盛頓大學研究人員瑪莉娜．昆潔的研究結果顯示：某個星雲裡同時段形成的星星群們，彼此彷彿被一條線捆綁在一起，數十億年間聚集成一個星團，猶如一群「家族」。連星星都如同家人一樣群聚生活，身為人類的我卻沒有一個人站在我這邊，該有多孤單？

不要去指責父母為什麼要生下我？為什麼我會長皺紋？為什麼父母不是有錢人？家應該是一個脫離社會眼光，非常舒適的地方。不管怎樣，自己的孩子是最棒的，即使有點不足，仍希望家人之間可以成為最親近的朋友。

雖然總有一天我們都會變老

由衣服顏色判斷這個人的政治取向？

秀日在過節的時候回家拜見父母，卻跟父親大吵了一架。回家時他看見將近七十歲的父親很專注地滑手機，覺得神奇，進而問了父親：「您在看什麼？」正在看YouTube的父親回了一句：「一起看吧！」於是開啟兩人之間的對話：

「你看他，我就知道他一定是騙子。」

「我都聽說了，那傢伙其實是……」

「這些都是片面消息，另有真相。」

「這兩個偷偷聯手，再這樣下去，國家會被搞垮。」

「這國家不正常，你也小心一點。」

秀日覺得父親講的一點都不對。那個YouTube頻道的影片似乎是斷章取義，秀日不認輸，反駁父親的說詞：

「父親，您為什麼要看這個？您不知道YouTube影片都是假新聞嗎？穿〇〇〇色等於這個人支持〇〇黨，這像話嗎？只有判斷力不足的老人才會相信，而且有什麼證據說這個人是騙子？別看這種『腦補』影片，這些話傳出去，會被人罵〇〇〇！」

「你說什麼？你又有多懂了？」

談論政治話題的困難點

YouTube的影響力有多大？報導顯示：韓國的YouTube頻道中廣告收益第一名的「Boram Tube」，推測一個月賺進四十億韓圜的收益。而MBC工會於二〇一九年表示：「MBC一天的廣告收入是一億四千萬韓圜。一個聘雇一千七百名員工的無線電視臺和六歲的小女孩李寶藍的YouTube頻道賺進的廣告收入差不多，這已不再是MBC的經營危機，更攸關了MBC的生存。」

無法置信，區區一個YouTube頻道的月收入竟然跟大電視臺不相上下。如今，無線電視臺已經不再具有獨佔權及光環，應尋求對策以應對外部的變化。

日常生活裡常出現的衝突情形，最容易起口角爭執的對象是誰？答案是「具有利害關係的人」和「政治立場不同的人」。也因此，與那些透過學習或讀書認識的同學朋友，才能維持和平與長久的往來。

然而，父母與成人子女的利害關係就很複雜。因為會互相支援彼此的經濟，因此在財務上的利害關係就比較深厚了。也由於較晚就業或晚婚，子女與父母同住的時間變長，相對之下，父母給予子女經濟支援的時間就會拉得更長。

某些家庭「政治立場」完全不同，某些家庭則是相同的，不過更多數的家庭彼此不知道對方的政治立場。倘若將各自的政治立場浮出水面，很有可能造成家庭革命。

確認偏誤：只聽想聽的

YouTube早已潛入大家的日常生活，其中最認真觀看YouTube影片的觀眾年齡群為五十歲以上。智慧型手機程式數據分析業者WiseApp分析去年二〇一九年的智慧型手機擁有者的使用情形，得出的結果是五十歲以上的擁有者使用時間最長，他們一個月觀看YouTube的時間，加起來超過一百零一億分鐘。於是，YouTube成為中老年層的最愛，理由為何？

首先，透過YouTube能夠觀看一些電視裡無法看見的新聞與資訊。「想要隨時看羅動兒[2]的表演，透過YouTube可以做得到，電視卻不行。」YouTube包含過去的回憶及真實生活故事，成為中老年人消磨時間的最佳利器。

此外，這些人喜歡看政治、社會議題相關的新聞，而因為YouTube上有許多

2. 韓國演歌男歌手。

與自己政治色彩相同的影片，他們就更願意花時間在這上面。根據情報通信政策研究院的分析結果指出：年齡層越高，越喜歡觀看時事型的YouTube頻道。

只要擁有一支智慧型手機，人人都可以看YouTube，大家都能輕鬆取得政治相關情報，由此角度而言，這是一項優點，但因YouTube的散播力而衍生出的其中一個問題是「確認偏誤」的現象嚴重化。確認偏誤係指人們偏愛與自我態度一致的資訊，造成「只看我想看的」與選擇性觀看的現象發生。另外，YouTube會根據使用者觀看的喜好推薦影片，觀看者僅看對自己有利的資訊，促使擴大確認偏誤的現象。

你曾經看過電視上的辯論會嗎？這些人各自堅持己見，不聽對方並一直主張同樣的論述，看得令人心寒。他們甚至會反駁或無視對方提出的證據，扭曲意思或詭辯。睜一隻眼閉一隻眼，相信自己想要相信的。

有一句成語是「盲人摸象」，譬喻人不看整體的問題狀況，僅聽一面說詞就下定論。摸過大象的視障人士們將大象粗糙的身形譬喻為大型蘿蔔；碰到大象的一根骨頭就說牠和自己一樣高或一樣胖，將自己感受到的局部視為全部。YouTube影片同樣未經事實調查，無差別散播假新聞，導致世代的衝突越來越多。

尊重再尊重

政治色彩對立之外，三、四十歲的子女與六、七十歲的父母，還有哪個部分無法找到平衡點？最明顯反應出兩世代價值觀對立的問題是「結婚」。

六十歲以上的父母認為「年紀到了就應該結婚生子」，但成人子女世代不認為結婚是最重要的。二、三十歲的成人，十名中就有六名認為「結婚生子為非必須」，對於結婚的看法有極大的變化，但父母輩對於不結婚仍抱持負面的印象，兩者必然產生衝突。

另一個問題是「經濟」。父母輩的生活是勤勞簡樸、誠實忍耐，從單房到一棟房，人生才是完美；然而現在子女的世代卻是花錢如流水。父母輩認為存錢買下一棟房才能結婚；但年輕一輩的想法是享受當下，「為自己」花錢。

很有趣的是，各年齡層對於「最嚴重的衝突」的認知不同。根據韓國非營利組織「公眾視野（Public View）」的輿論調查結果，二、三十歲男女之間認為性別衝突最為嚴重；五十歲的中年層是貧富衝突；六十歲以上的老年層則認為地區性的理念衝突最為嚴重。

所以，與父母說話時完全不能提敏感的政治議題嗎？假設雙方政治立場不同，建議不要主動提及，若繞在相關話題上太久，雙方都各有主張並試圖說服對方的話，容易引起爭論，互相傷害彼此。

萬一父母先提及相關話題，靜靜聽他們說，再轉換話題也是不錯的方法，如：「對了，父親，最近小叔過得如何？」、「對了，父親，我前幾天在公司發生了這種事。」

此外，尊重彼此的政治立場。你喜歡喝咖啡嗎？喜歡喝啤酒嗎？還是喜歡紅酒或燒酒呢？每個人的喜好不同，政治立場同樣也是一種喜好，不能評斷誰好誰壞，況且喜歡喝咖啡的人不一定懂咖啡原豆和出產地。

即使想告訴對方：「你還不懂這世界，你的政治立場是錯的。」拜託，千萬要忍住，當對方聽到「錯」的瞬間，於人的本能，聽起來像是遭人看低的意思。

我們都知道「不同」跟「錯的」差很大，至少大腦明白這件事，然而遇到實際狀況與自己所想的不同時，我們會感到不悅、不安，想要改正，這是人最誠實的內心。

思考一下，你有信心改變父母的政治立場嗎？假設真的可以，對你有什麼好處嗎？反之，如果不可以，你會失去什麼嗎？對自己一點好處都沒有，我們為什麼不能接受「與我不同的想法」？思考後便能自我反省。他的想法是他的，放寬心看待它吧！

你是我唯一的希望

第一次的自由

朴婉緒作家曾於《城市的凶年》一書中提到：「無論是孝順或不孝順的子女，父母都希望一生與子女互相捆綁直到老死。」因此，許多父母直到子女長大成人也不願意放手。

滿二十歲的世希考上了理想大學，卻不覺得幸福。第一學期結束了，他交不到任何一個朋友，一人在大學裡孤單奮戰。世希的個性原就消極，加上媽媽的照顧保護，讓他不敢主動靠近朋友，但也討厭一個人吃飯。進大學後，他更加困惑：

「到了大學，我思緒變得很亂。高中之前都是媽媽負責叫醒我，到學校後按著課表操課，下課回到家後再依媽媽的指示去補習班。但上了大學，沒人幫我規劃時間表，一下子突然要自己看著辦，難以適應。」

是誰讓世希變成這個樣子？

愚昧勤奮者的危險性

你有聽過聰勤、聰惰、愚勤、愚惰這四個詞嗎？分別是「聰明又勤奮」、「聰明又懶惰」、「愚昧又勤奮」及「愚昧又懶惰」的縮語，上班族常用的詞彙。

這四個詞彙是由第二次世界大戰當時的德國將領埃里希・馮・曼施坦因講述四類型的軍官，哪一類型有資格升為將領的故事。他說：

「軍官分為四種，愚昧又懶惰（愚惰）的軍官放任他一個人，不管他做什麼都無害；聰明又勤奮（聰勤）的軍官萬事處理皆恰當，是非常優秀的參謀軍官；愚昧又勤奮（愚勤）的軍官才是最令人頭疼的，應立即開除。每次都挑選未能帶來幫助的事情做；聰明又懶惰（聰惰）的軍官最有資格升為將軍。」

三星電子權五賢會長的著作《追擊者》，內容亦收錄有關「聰惰」的故事：

大型企業公司的理想經營者是「聰惰型」領導者，他們很聰明但又有點懶惰。換句話說，他們擁有卓越的未來統察力及判斷力，但能非常果敢將權限開放給下屬職員去做。

由此可知，聰明代表擁有統察力與判斷力；懶惰是不把所有事情攬在自己一個人身上。那，「愚勤」為什麼是危險的存在？電視藝人李敬揆的名言：「愚昧者若帶有信念，是一件非常可怕的事情。」帶有信念，所以自我確信十足，不聽他人意見。他們的雙眼被蒙蔽，不與其他人溝通，堅持己見，盲目地向前衝，而不自知是條錯路。

以上四類型套用在父母，其中最危險的類型是「愚勤」，即愚昧、勤奮，並自我確信的父母。

人會透過學習成長，但「愚勤的」父母認為自己是對的，因而錯失填補資訊不足的機會，不聽別人的反饋。

他們僅吸收與自我意見相同的資訊，避諱與自己意見不同的新資訊。「愚勤的」父母總是高估自己的知識與認知，以自己的方式，帶著信念前進。因為他們勤奮，所以希望能給予子女一切，包括物質與精神。即使產生不好的結果，他們仍舊不探討根本原因，繼續前進。

Child＋Salaryman＝Chlaryman

如果說Kidult是指心理上長不大的成年人，Chlaryman則是指身體長大但心智停留的成年人。Chlaryman是英文Child（孩子）與Salaryman（上班族）組成的新詞，係指進職場後仍無法自己解決公司或個人問題，倚賴父母的成年人。

以下為相關案例：五十五歲左右的智英很寵兒子，兒子要的一到十通通都會給他，一個也不漏。兒子上高中時，為了讓他專心讀書，智英一次也沒讓他跑腿、打掃房間或洗碗。

於媽媽的呵護之下，兒子順利大學畢業，即將踏入職場。為此，智英幫兒子選好面試穿的西裝、襯衫、領帶和皮鞋，兒子一如既往照著媽媽選好的衣服穿。

另外，她馬不停蹄地幫兒子準備面試需要的資料，致電到公司人資部問：「我兒子要去你們公司面試，請問該準備些什麼？」、「需要注意哪些事項？」、「面試合格者的平均多益分數是多少？」等相關資訊，結果最後兒子落選了。

智英又致電到公司問：「可以知道落選的理由嗎？」、「想要考上，下次需補強哪個地方？」幫兒子準備對應策略。不確定是否因智英努力的付出，兒子經歷過幾次面試後，終於進入理想的健康管理相關行業。連兒子的就業過程都包辦的智英，這樣就結束了嗎？

不，現在放心還太早。智英繼續操心兒子進公司後能不能好好適應？工作會不會太累？最終，兒子撐不過六個月的現場工作，辭職了。遞辭職信依舊由智英負責：「抱歉，我家孩子可能下週起不能去上班了。」、「真令人擔心，我當媽的還要照顧他多久。」

父母是從孩子升上國小低年級的時候開始成為法定代理人的。那為什麼父母會代替孩子參加活動或做作業？原因大可分為三：

第一，認為自家孩子比其他家孩子發育緩慢。因為看見其他家孩子寫字或畫畫速度比較快，所以不希望從老師口中聽到孩子比不上別人的話。

第二，不想讓孩子嘗到失敗的滋味。不願看見孩子經歷挫折，所以代替孩子完成。

第三，孩子的能力不如父母的期望，擔心孩子作業不能做得好，成績會比別人差，於是代替完成作業。

若是父母單純幫助年幼孩子完成作業與參與活動的行為延續到孩子長大成人，會發生什麼問題？答案是：孩子往後的職場與結婚問題通通會由父母主導處理。除此之外，這樣的子女非常順從父母，依照父母期望考上大學，從事理想的工作，漸漸失去自主能力，全仰賴父母。過度仰賴父母的孩子可能會有如下問題：

1.失去自律能力

他們不曾以自我判斷作出行動，以致於無法一人解決事情。在公司，主管詢問工作相關意見時，通常以「好像～」的方式回答。因為他們不曾自主決定。

2.害怕出錯

聽父母的話進了一所好大學，畢業後到一間大家一致認同的好公司上班。一路走來都是對的，造成他們更害怕出錯或失敗，更難容忍自己的錯誤與失敗。

3.少了好奇心

父母每一件事都幫忙規劃好，他們只需要照做，於是少了好奇心。

4.我的人生不是我的

他們不能相信自我判斷，認為跟隨他人的決定較好。於是他們不覺得人生是自己的，以及認為自我決定不成熟，每到重要關頭都猶豫不決：「我不知道我想要的是什麼」，希望有人幫他們下決定。

引導子女勇於嘗試

於父母立場，即使子女長大成人，仍會擔心他們是「吃米卻不知米價的孩子」，但無論他們是成是敗，他們都應該為自己的選擇和決定負責。父母不能一直幫他們下判斷與做決定。所以父母應藏匿心中的「不安」，鼓勵孩子們勇於嘗試。即使心急如焚，父母也該訓練子女自立自足。

1.讓子女相信自己能從自我決策中取得成就感

於父母立場，雖然心情焦躁不已，但也不要催促或代替子女決定。給予他們自我選擇的機會，告訴他們要認真思考與建立計畫，如：「如果這是你慎重想過後的選擇，媽媽支持你。」、「不必當場決定，給自己一點時間慢慢想，思考過後再告訴我。這沒有正確答案，照你心中想做的去做吧！」

2.選擇伴隨責任

雖然要給子女選擇的機會，但也不能無條件接受或同意。必須明確告知他們自己該為自己做的事情負責。例如：孩子把書包遺失在公車上的時候，請不要直接責罵：「為什麼弄丟？連書包都顧不好嗎？」而應該要先問孩子：「書包弄丟了，你要怎麼處理？」詢問他們會如何處理書包遺失的狀況。假設他們未採取任何行動，請具體教導他們該如何對應，並告訴他們該為自己的疏失負責。

3. 教導子女自我成長的方法

已是大學生的智媛從媽媽手中收到一本一千萬韓圜的存摺。智媛以為這是媽媽給她的零用錢，很開心。然而，開心只是一時的，媽媽說了一句話：「畢業之前，你如果可以把這些錢變成兩倍，媽媽會再給你兩千萬韓圜。」為了獲得額外的兩千萬，智媛拚命賺到兩倍，大學畢業後立刻擁有一筆四千萬的就業基金。

華倫．巴菲特的父母從小就要巴菲特賺錢養活自己，五歲的巴菲特在自家門口擺了一個桌子販賣口香糖和檸檬水；九歲的時候跟朋友一起去加油站，翻找飲料販賣機旁的垃圾桶，調查人們最喜歡喝的飲料並專賣那種飲料。巴菲特以同樣的方式栽培他的兒子們。大兒子霍華德．巴菲特記得他小時候一週的零用錢是七十八美分，約現今的五美元。

父母無條件的支持與給予，久而久之，子女們容易視為理所當然，不懂父母的心情，認為這是父母應該做的。因此，當孩子想要某個東西時，請跟他們說：「你自己存零用錢買」或「你出一半的錢，那我幫你買」讓孩子學習社會生活該有的基本態度、忍耐及協商技巧。

4. 讓子女了解父母就在身旁

假設孩子在面對新挑戰的時候容易猶豫，「別怕，去試試」這類的話對他們是行不通的。孩子面對挑戰不知該從何開始的話，父母需要為他們指導，幫助他們跨出第一步，並詳細跟他們講解下一步應該怎麼做，再讓他們試著自己做看看。此外，確認他們需要什麼支援，在他們的請求之下，於可做的範圍給予幫助。

掉進出不去的泥沼，你懂這心情嗎？

我不是得意忘形

再哲一想到女兒，嘴角就會不自覺上揚。女兒不僅很會讀書、考進明星大學、每學期都拿獎學金，還以學校補助出國交換。不僅如此，外貌像媽媽一樣漂亮，是一個到哪都很出色的女兒。每逢親朋好友聚集的節慶，再哲對女兒的自豪更是達到巔峰。任何人詢問再哲的家庭事業狀況是否安好時，他都會在適當地回答後，開始自豪自家女兒。

「哥，別擔心，我們家還有熙妍啊？」

「是喔！最近熙妍書也讀得不錯吧？」

「當然，這次也拿到獎學金了。我們家就靠熙妍了。」

「哈哈，對，熙妍是你們家的希望。」

再哲稱讚完自家女兒，心情非常愉悅。在各自離場回家的路上，女兒跟爸爸說：「下次過節，我不想要一起回老家了。」再哲驚訝地問：

「為什麼？」

「剛剛您講的那些話讓我很尷尬。」

「什麼話？」

「我是我們家的靠山之類的話。」

「這話怎麼了？大家都在稱讚你耶？」

「現場還有炳勳和聖雅，小叔不稱讚炳勳和聖雅，只稱讚我，聽起來很不舒服。」

「那是因為他們沒有值得稱讚的地方，要像我們熙妍一樣會讀書、善良，臉蛋又漂亮的人，哪裡容易？」

「爸爸媽媽跟親戚之間的話題除了我沒別的嗎？為什麼當了父母後，除了炫耀子女外沒別的？那沒得炫耀子女的父母該傷心了。」

「爸爸到了這個年紀，看見子女過得好就開心了，你還小不懂。」

期望埋藏更大的期望

再哲何時變成一個只會炫耀女兒的爸爸？當我們成為父母的那一刻，便開始炫耀子女。每個人炫耀的程度不一，但絕無一人不炫耀自己的孩子。

孩子從出生到翻滾、走路、說話及學字等學習速度比其他同齡孩童快、在學校因背誦九九乘法表而獲獎、很會吃韓國泡菜、記住各種恐龍的名字，以及幫忙洗一次碗，這些都是父母可以炫耀的事情。

甚至他們長大成人考上好大學，進入好公司，並買了一間不錯的房子結婚等等都是父母炫耀的範圍，但還沒結束，子女賺多少錢、孝敬父母的程度，且等孫子出世後，這些炫耀都會再度輪迴。

畢竟是自己的子女，疼都來不及了，有哪個父母不會炫耀子女？假設真的有，還是會將他們捧在手心呵護。

我們常說的期望是什麼？期望意指希望有什麼事發生或預測什麼事會發生，又或是希望實現什麼事的情感表達。成為父母後，我們對子女會產生各種期望。

孩子小的時候，最簡單的期望是「趕緊會叫爸爸媽媽」，漸漸演變成「希望讀好書、交到好朋友」、「希望考進好大學」等等，越來越多。

這裡有一點要說明：應合父母期望的主體是子女，做出成果的人也是子女。換句話說，要站在子女的立場，以子女的標準去設定期待，才能獲得好的結果。假設子女對學業毫無半點意欲，即使父母問：「我都為你這麼犧牲，為什麼不能好好讀書？」終究是白費工夫。

因此，對子女的期望應於子女能夠達成、能夠接受，以及讓他們自主自律的範圍為之。理所當然的愛，不知不覺成為父母的欲求。子女越聽話，越有更多的期望，希望子女照父母的意思走，然而，以愛為名的期望最終會從勸誘變成強求。

父母會因為自己沒有嘗試過，或因為嘗試過了覺得還不錯，以希望子女們過得比父母更好為由勸導孩子：「這樣的話，你覺得如何？」而這樣的勸導最終很容易因為愛跟對彼此的了解而變成強求，從「這樣做的話就好了」變成「你應該做到這個程度，不是嗎？」如果孩子們不能符合期望，心裡就會湧起傷心與憤怒。

無法迎合期望的恐懼

難道寄託子女只有壞處嗎？當然亦有正面的影響，假如孩子身邊有一個鼓勵他們「你辦得到！」、「下次會更好！」、「對！你做得很好！」的大人，可以促進孩子產生動機，成為理想中的自己。

在中國，有一戶家的兒子在滿分為一百分的考試中考了七分，他的父親為紀念此事，買了一千人民幣（約十六萬韓圜）的鞭炮慶祝——江蘇省宿遷市周氏家族十一歲的兒子每次考試都考零分，某次考試卻考了七分，父親實在太高興，便買了鞭炮，放鞭炮慶祝。在那之後，兒子受到激勵，奮發向上，目前成績提升至五十七分。

假如你是周氏，即使不買鞭炮，你也會真心稱讚孩子的努力嗎？這是一個難以立即回答的問題，一般的父母應該會回：「既然可以考到七分，為何之前不努力？」、「如果可以考五十分就好了」、「同桌同學考幾分？」

父母的期望值越高，稱讚的頻率就越低。可見得高度的期望很難達成。假設父母的期望降低百分之十，孩子越容易符合期望，取得成就。而且，稱讚子女的次數會增加百分之十。孩子受到父母的稱讚時，自信心會增加，發揮蝴蝶效應，推動孩子前進的力量也會隨之提升。換言之，降低期望反倒能夠擁有正面成效。

不過，期望的副作用也很大，人氣電視劇《天空之城》裡有一位孩子因父親過度的期望，謊稱自己考上哈佛大學，當了一年的假學生。入學考試是大人們創造的制度，因這項制度遭遇悲劇卻是孩子們，而劇中的那位孩子最終下場是家道中落。

二〇一五年也發生過類似的事情，名為「莎拉金事件」。一位就讀美國科學高中的韓僑金小姐（英文名是Sara Kim）同時考上哈佛大學和史丹佛大學，新聞報導金小姐不願放棄其中之一，故決定就讀兩所大學。她曾在一個廣播節目中說：「Facebook創辦人馬克．祖克柏曾親自邀請我參與企劃。」此話驚動所有人，但事後發現這一切都是謊言。

高過於子女能力的期望不僅會造成子女的動機、意欲及自信心下降，互相產生衝突與壓力，彼此疏遠，甚至說出如上案例般的謊言。

他們為什麼要說謊？因為實話實說可能會被父母罵或與父母發生衝突，他們知道父母無法容忍這般行為，照實告知絕對只有被罵的份。由此可知，他們說謊的原因來自於恐懼。

因為他們想獲得父母稱讚或不讓父母失望，所以選擇說謊。

「你好好讀書，媽媽全靠你了。」

「你好好讀書，你爸才有面子啊！」

「女兒考第一名是爸爸最大的快樂。」

換句話說，父母的真實意思是：

「因為你不好好念書，媽媽真想死一死算了。」

「因為你不好好念書，爸媽都丟臉到不敢住在這社區了。」

「連我家女兒都不好好讀書了，爸爸還有什麼樂趣可言。」

「子女的成就攸關父母的人生」，這樣的稱讚只會造成孩子精神上極大的負擔與壓力。以子女的立場，成績下滑或未能達到父母期望的標準等同於自己是無法受父母喜愛的孩子、未能符合期望的孩子。雖然父母的意思並非如此，但孩子很有可能理解錯誤。

「下次考試沒考好的話該怎麼辦？爸爸一定會失望。」諸如此類，因家人過度的期望，造成子女的自信心滑落。所以，父母應降低期望。除此之外，父母有父母的生活，子女有子女的人生，希望父母不要成了子女人生的操縱者，而是成為推他們一把的助手。於是，父母須做三件事情：

1.重視過程，不看結果

不要太在意結果，要把焦點放在過程。常常可以聽到有人說「結果好就好」、「結果比過程重要」，因為過程只是通往結果的道路，因此結果才是重點。然而，若父母以結果評斷子女，那子女在過程之中的努力將全化為泡沫。所以，父母應稱讚子女付出的努力。

很多時候付諸努力卻未能得到好結果。活到現在，我們不也常常沒辦法在努力後得到好結果嗎？在他們的人生之中，同樣會遇到這種時候，也會有不想做的時候。

「你能做好的。只是這次的試煉不如意，它並不會是人生的全部，所以忘了它吧！下次再做好就好了。」、「雖然這次很可惜地落榜，不過下次考試，你就不會緊張啦！」藉此種方式告訴他們還有下個機會，仍能再次挑戰，往後，當他們遭遇到危機的時候，更有能力獨自應付。

2. 學習下一世代的新趨勢

你知道你的孩子喜歡玩什麼遊戲或是迷哪一位偶像嗎？你知道他們為什麼喜歡嗎？和孩子分享各自的興趣喜好，製造愉快的回憶，你就能成為一個懂子女的父母。當他們在玩遊戲的時候，請別責罵他們：「不讀書，就只知道玩遊戲？」不妨坐到身邊窺探他們在玩些什麼遊戲，並且與他們聊聊有關遊戲的問題，例如升等的秘訣。詢問時，別擺出大人的姿態和口氣，要假裝你是學生，他是老師，以學生向老師提問的口吻問：

「英雄聯盟和絕地求生，這兩個遊戲差在哪？」、「那幾個一邊打遊戲一邊罵人，是在瞧不起你嗎？」、「是新楓之谷耶！我以前也玩過……現在升等都怎麼做？」

當父母問到自己的興趣，每個孩子都一定會激動地講個不停。假設孩子喜歡某位偶像或某一系列的漫畫，可以試著了解他們的作品，與他們一同分享，例如：「朱智勳哪一部戲好看？最近看了他在《七罪追緝令》中的演技，完全愛上他了！」、「我以為只有男孩子們喜歡BLACKPINK，但好像女生也很喜歡她們耶！」、「近期最紅的漫畫是什麼？爸爸以前最喜歡看《灌籃高手》和《熱血江湖》了……」

看見其他人對自己的興趣有關心，沒有人會覺得討厭。聽孩子分享，不僅可以吸取最新的趨勢，又能與孩子找到彼此共同的話題。

晚餐時間，家人們若能一起探討「我的十項遺願清單」、「想去哪裡一起家庭旅遊」等話題，有助於共同規劃未來，亦促進父母知曉孩子的慾望及想法。

3.稱讚不帶期望

當孩子成績進步，得意地向父母尋求認可時，如果過度地稱讚他們：「你果然很棒」、「你這麼聰明，我就知道你可以」，不是一個好做法，而賦予負擔的稱讚更不好。

若是以基於希望他們可以更努力向上的心情，對他們說：「辛苦了，但跟爸爸期望的不一樣，還差得遠。你要再努力一點！」這到底是稱讚，還是在增加他們的負擔呢？實在模稜兩可。建議父母針對孩子做出的具體行為進行稱讚，譬如：「辛苦了！成績進步不少喔！看到你用努力換來這樣的好成績，爸爸也很開心。」使用這類的表達方式稱讚孩子，同樣能表達出爸爸的意思。

一定要我說第二遍嗎？

我為什麼大喊了？

明明自己小時候曾因父母說的一句話而受傷，但自己成為父母後卻犯了相同錯誤，自己身體內竟存留爸媽年輕時的影子。以下是最近媽媽們所遭遇到的狀況之一：

擔任公家機關律師的智善很自責她不小心說話傷了孩子。這件事情發生在某個週日的下午。智善的手機響了，從電話另一端得知，智善所屬的那個部門在預計明早要向外界公開的資料上，犯了一個很大的疏失。她立刻打開家裡的筆電，急忙地準備發郵件。這時，孩子卻吵著要媽媽陪自己玩。

「媽媽現在有點忙，你先去那邊自己玩。」

偏偏這個時候丈夫去了醫院探望公公，不在家。過不久，孩子拿了一臺平板電腦過來：

「媽媽，幫我打開。」

「來，這樣行了吧？」

智善平常不會讓孩子一個人玩平板電腦，但基於心急，她迅速點開YouTube影片給孩子看。過了一會，孩子又跟媽媽說：

「媽媽，這好奇怪，重新幫我弄。」

孩子看似不小心按到開關鍵，智善簡單地教孩子如何操作平板電腦。

「來，按這個鍵就好了，懂了嗎？」

可是不到五分鐘，孩子又來找媽媽了。

「媽媽，它又變成這樣了。」

「你是笨蛋嗎？剛剛不是教過你了，這樣按不就好了！剛剛媽媽說的話沒在聽嗎？你不知道媽媽現在很忙嗎？」

在無意間地暴怒下，孩子「咿呀」大哭了。智善突然覺得自己的肩膀似乎好沉重。

安撫完孩子後，她獨自坐在客廳裡喝啤酒，想想剛才孩子吵著陪玩的時候，自己說最多次的話是：

「剛剛陪你玩了啊！媽媽現在很忙，下次再陪你。」

「其他孩子都能一個人玩得好好的，為什麼你一直要媽媽陪？」

「媽媽是你的玩伴嗎？每天都叫我陪你玩。」

回頭反省自己，真是一個壞媽媽。智善對自己發了脾氣，心情很鬱悶。

我的名字是「麗媛媽媽」

智善另一個壓力來源是當一位「職場媽媽」，在她工作的公家機關裡，有八成員工是男性。

復職後，每當她出錯，身旁的同事都會說：「哎呀！人家是要帶孩子的媽嘛！」表示寬待；而熟識的其他男性同事則都改口叫她「麗媛媽媽」或直接改用孩子的名字稱呼。

智善實在無法理解，這些人不曾對其他男性同事稱「誰誰誰的爸爸」，但唯獨對她稱「誰誰誰的媽媽」。這些話聽久了，智善便開始陷入低迷，因為她並非是以「誰誰誰的媽媽」的身分上班，所以希望做為夥伴的同事們能夠尊重她。

結婚後，男性覺得最有負擔的事情是什麼？答案是扛起家庭經濟的責任感與壓力；那女性呢？處理家事和照顧孩子是女性最大的負擔。雖然現今大眾對女性的認知有所改觀，但家事與照顧孩子，特別是親子教育這塊仍由女性負責。

生兒育女是大部分人會經歷的過程之一，大家都想要做到最好，但常常是想的容易做的難。當孩子實際出現在自己面前時，不懂的事情滿坑滿谷，勢必得經過一番困難的試煉。所有人在當媽媽這件事情上都是第一次，當然會不純熟。

而讓職場媽媽覺得最困難的地方是自從有了孩子後，沒有一天能按照計畫進行，永遠被時間追著跑的職場媽媽們，會在腦中規劃行程：

「早上起床洗頭十分鐘，毛巾包捆頭髮，拿出前晚提前準備的食材做早飯或孩子的零食，大約花個三十分鐘。接著化妝二十分鐘，自己隨意用麵包或小番茄墊肚子。」

事先計畫好順序，一早起床立刻開始實施，但只要孩子一哭鬧，所有的計畫就都亂了。要趕快準備出門上班，可是若孩子不願離開媽媽的懷抱或正在發燒生病，一切就開始天旋地轉了。

「該怎麼辦？該跟部長說我會遲到嗎？」大腦雖然正在快速運轉，卻找不到答案。本來是一個在職場上獲得成就的人，為什麼帶小孩卻那麼難？好想要兩者兼具，做好每件事。此時真的好想成為動漫裡的火影忍者，使用影分身之術，做好媽媽、妻子、上班族和家事小幫手的角色。

成為媽媽後，一切都變了

智善一路成長地非常順遂，無論是上學的時候，戀愛結婚或上班的時候，她樣樣都表現得很出色，人人讚賞有加。但自從她成為媽媽後，所有都變得不一樣了。有了孩子，成為某一個人的媽媽雖然是一件很幸福的事，但想要倚靠母愛克服往後的一切難關，實在不容易。

公家機關給女性職員的福利不錯，比起私人企業，可以不用看老闆的臉色，大大方方請一年育嬰假。然而，智善出的問題發生於她復職之後。她一直很想回復到生孩子之前的超強工作能力，同樣接受眾人的稱讚。但復職後，她需要重新學習新設部門的業務工作，由於不熟練，導致她不斷出錯。不能容忍一點疏失的她，便埋怨起自己。

除此之外，她家孩子與其他同齡孩子相比，不是一個小大人，懂得看人臉色。於是她非常痛苦並產生各種雜念：「別人工作家庭兩全其美，為什麼只有我做不好？是我的問題？還是因為丈夫都不幫忙？鄰居敏兒家的婆婆丈夫都會幫忙她照顧孩子，可是我的婆家或娘家都沒人要幫，每次有急事的時候，連託付孩子的地方都沒有，我真是命苦啊！」

大家還記得自己剛考到汽車駕照的時候嗎？拿到汽車駕照第一次上路，最覺得慌張的時候是？雖然這些回憶能夠當作無稽之談，侃侃而談自己新手駕駛的糗事，可是回到那時候，那個情況真的令人心驚膽戰，例如：在高速公路不小心闖入禁止路道，變成逆向行駛；開車開到一半突然倒退，不小心撞到後車；在迴轉的時候不小心撞凹防護牆旁的保險桿等等，發生各種大大小小的事故。

新手開車的時候，我們常會擔心：「該迴轉的時候，沒能切換到迴轉車道的話該怎麼辦？」、「左轉的時候何時開始閃燈比較好？」、「行駛速度多少，才不會造成後車的困擾？」

可是，這些擔心是正常的，有誰一考上駕照後，就很會開車？由於過度緊張促使身體僵硬，又因後車駕駛的謾罵聲感到驚慌，產生過度反應。

新手時期總會有一段過度緊張與憂心忡忡的時光，然而隨時間累積經驗後，一切就會變得輕鬆自如，可以一邊開車一邊講電話、吃點心和跟副駕駛座的同伴聊天。

同理可證，新手媽媽一定會擔心自己能不能照顧好孩子？回到職場後能否做得跟以前一樣好？而這一切隨著時間的流逝，都將一點一點漸入佳境。

但須承認：電視節目或社群平臺上出現的女超人是不存在的。若是想兩全其美，只會耗盡自己的體力，且做不好任何一件事。

想把自己打扮得完美、工作俐落，回到家後做好家事，甚至完美規劃孩子的人生，在現實生活裡都不可能發生。一旦有了孩子，媽媽的自我生活必然會消失不見，一切皆以子女為主。家中的某一個房間會開始充斥孩子的物品，以及事前規劃好的目標與行程都一定會產生變數。

尤其是職場媽媽，除了要做家事和照顧孩子，還要上班工作，身心一定會有所受損，這時候別想著一個人扛下所有的事，有一個真心幫忙的助手是非常必要的。唯有如此，職場媽媽才有辦法鞏固家庭與事業。

不管是丈夫、自己的親生媽媽、婆家的家人、產後調理中心的同期媽媽、媽媽聚會或社區朋友等，一定要找人訴苦和求助。若有一個能理解與協助你的配偶、家人或朋友，絕對會帶給你力量，有效地填補身心疲憊的空缺。

還有，別過於擔憂，任誰成為媽媽後都會有一段混亂期。大家初養貓咪小狗的時候，同樣會有很多非預期的事情發生。所以不管媽媽在腦中規劃了什麼，看了多少本育兒書，實戰現場依舊不容易。

理論與實戰應用大不相同，有時候會覺得是不是走錯路了？或者埋怨沒人幫忙，但這時應自我鼓勵說：我能同時做這兩件事，已經很了不起了。

你現在最需要做的事是找到工作與育兒之間的平衡點，能做到這點，你就很厲害了。希望新手媽媽們也能像新手駕駛一樣，將這些困難時光化為未來的無稽之談，特別是職場媽媽。

工作與家庭，只能二選一嗎？

職場媽媽最大的煩惱是育兒問題，每天早晨上班之前都要先跟孩子展開一段精神戰，工作期間一直焦躁等待下班時間的到來。

職場媽媽總對孩子感到抱歉，受傳統文化影響，養兒育女之事應由女性負責，形成女性理當負責照顧小孩的刻板印象。這個刻板印象促使職場女性經常要在工作與小孩之中二選一。職場媽媽們最常說的幾句話是：

「抱歉，因為我，讓公司造成不便。」

「唉，生完小孩後記憶力變差了。」

但，既然你是職場媽媽，就代表你已選擇將家庭與工作兩者兼併。各分一半的時間去做這兩件事是你通往幸福的道路。當然，絕不可能剛好平均分配時間，偶爾工作忙碌的時候，一定會偏向工作；孩子生病或有緊急家務事發生的時候，不得不接受公司同事的體諒。

以長久的觀點來看，職場媽媽們須不斷努力找到工作與家庭之間的平衡點，別想說「為什麼我兩個都做不好？」應告訴自己：「第一次，做到這程度算不錯了，往後累積經驗，一定會做得更好。」心中想著：「我在上班時間內提高工作效率，很努力工作了。該做的都做了，所以可以下班了。」

不擅長「自我炫耀」的女性們

韓國傳統社會對女性的要求是「讓步與放棄」。雖然很想在公司爬上更高的位階，但總因媽媽或妻子的身分綁住手腳，除了心裡一直對孩子過意不去之外，還會常常被周圍的人批評是自私的媽媽。

「沒關係，反正我什麼也都不會。」

「比起我，我們家孝鎮更需要升遷。畢竟他是一家之主。」

現在，職場媽媽們應理直氣壯講出自己的功勞和苦勞，開會的時候也別刻意坐在最角落「沉默不語」，勇敢發表意見吧！此外，對於上司的指令，不要自我解讀與乖乖安靜接受，藉由提問的方式向上司了解任務指示後再著手進行也不遲。

培養自問自答的習慣，先在腦中思考「為什麼」、該「做什麼」，以及「怎麼做」。這樣會表現得太謹慎小心嗎？但總比不能完善處理公事或比被他人批評媽媽做事太隨便來得好。準確處理事情的模樣會令人讚賞你做事正確、聰明。

上司：「要給常務的實際營業額報告書，星期四前整理好送過來。」

我：「實際營業額報告書要以什麼形式呈現？（why）以上臺報告的形

式嗎？還是書面形式？（how）星期四上班就要給嗎？還是下班前給就好了呢？（when）」

媽媽幸福，孩子也幸福

認真工作獲取事業成就感吧！有了孩子之後，注意力確實會比以往差一點，因為你要顧及的事情太多了。但選擇要工作的原因除了經濟因素之外，還有一個因素是「自我成就」。

「媽媽要賺很多錢，給我們家麗媛買很多好吃的。」

「媽媽要出去賺錢，才能給我們家麗媛買玩具。」

這樣想的話，往後孩子長大了，媽媽仍然會覺得「我賺錢是為了養活家庭。」與其這樣想，不如簡單講述工作內容給孩子聽吧！孩子也一定會為認真工作的媽媽感到驕傲的。還有，工作時請將專注力放在工作上！

「媽媽去公司努力上班囉！」

「媽媽今天在公司表現得很好，同事們都稱讚媽媽。」

成就與滿足越多，越覺得幸福，而且子女看到媽媽工作幸福的模樣，同樣也會覺得很幸福。

從書本裡學習如何講話

媽媽「早有答案」

亞凜每個週末都會帶孩子去參觀展覽或博物館。育兒書上說：孩子從小間接累積經驗，學習各種小知識，有助於往後的學習發展。

上週，亞凜帶孩子去參觀梵谷的作品展，但九歲的智禹一點也不關心梵谷是誰，也不想知道他是誰。千篇一律的展覽場，既不能奔跑，待的時間又長，他內心的真實想法其實是「這時間若能到公園遊樂場和朋友們一起踢足球就好了。」

媽媽：「智禹啊！都看完了，有什麼感覺？」

智禹：「很棒啊。」

媽媽：「就這樣？沒別的了嗎？」

智禹：「對啊！很棒。」

媽媽：「媽媽帶你來參觀是希望對你有所幫助，刻意騰出時間的……媽媽覺得那幅《紅色葡萄園》不錯，是梵谷生前賣出去的畫作。看到這幅畫似乎了解為什麼它能賣出去了。你覺得那幅畫如何？」

智禹：「不錯啊。」

媽媽：「哪裡不錯？」

智禹：「裡面出現很多人。」

媽媽：「還有？」

智禹：「嗯……」

媽媽：「說說看哪裡不錯？媽媽在這等你講。」

智禹：「那個，色彩很鮮豔。」

媽媽：「還有什麼？仔細想想。」

回到家後，兩人又掀起一陣騷動，因為智禹不穿媽媽拿的藍色衣服，而自己翻衣櫃拿了黃色衣服穿。

雖然亞凜氣他不聽話，但想到書上寫的內容，亞凜看著智禹，冷靜地要他坐下並詢問他：

媽媽：「智禹啊！為什麼不穿媽媽給你的那件衣服，而是要穿這件啊？」

智禹：「沒為什麼。」

媽媽：「沒為什麼？這世上沒有所謂的當然，都是有原因的。你為什麼穿這件？」

智禹：「今天就是想穿黃色衣服。」

媽媽：「這樣啊！還有其他原因嗎？」

智禹：「剛剛向日葵圖畫是黃色的，所以我想穿黃色衣服裝扮成向日葵。」

媽媽：「原來如此，但今天穿藍色衣服好不好？」

智禹：「不能穿黃色衣服嗎？」

媽媽：「嗯，今天是穿藍色衣服的日子。脫下來換上藍色衣服吧！還有，翻亂衣櫃是不對的，今天你違反跟媽媽的約定，明天不能跟朋友玩了。」

智禹終究受不了委屈，大哭一場。

只是希望你變成最厲害的

亞凜非常重視育兒問題，自認小時候沒能感受到父母的愛，導致自尊心低落，所以希望自己的孩子能好好地長大。於是她買了各種育兒暢銷書，甚至拿螢光筆畫重點，寫在便條紙貼在冰箱門上。

不久前，她讀的育兒書裡寫道：想要跟孩子擁有相同視野，就必須「尊重孩子」，所以使用「敬語」，例如在孩子寫作業的時候，跟孩子說：「智禹啊，我們一起解這道題，好嗎？」吃飯的時候說：「智禹啊！筷子要拿好喔。」但過不了一天，孩子就受不了問媽媽：「好不習慣媽媽說話的語氣，可以不要用這個語氣說話嗎？」

亞凜其實很不解在展覽發生的事，書上說媽媽向孩子問「為什麼」可以啟發孩子回答，有助於孩子表達自我想法，培養思考及語言能力，但為什麼她的孩子那麼討厭回答？是因為沒想法？還是不懂得思考？對此，亞凜很煩惱。

答案不在書上，在孩子身上

在一份詢問媽媽們都從何處取得育兒資訊的問卷調查中，顯示有百分之九十的資訊來源是「書籍或網路」，「透過長輩或周圍朋友取得資訊」僅佔百分之九。

亞凜的育兒方法同樣是取於科學理論，她閱覽將近一百五十餘本的育兒書，但上面所寫的育兒方法都對智禹行不通，讓她的思緒感到非常混亂。

身為父母，孩子是她生的，但為什麼她覺得「養育孩子如此不平順，一點也不輕鬆？」明明想當一個好父母，總是不如期望。她已經試過各種育兒方法，很認真地教育孩子，希望孩子成為一個貼心有禮貌的人，但為什麼孩子不懂媽媽的一番苦心？

「為什麼那麼痛苦？」

「我不想繼續了！」

「我大概沒有當媽媽的天分。」

「我都做了那麼多，有誰看見？」

「難道孩子討厭我嗎？我是他媽媽，他怎麼可以這樣？」

亞凜的心情五味雜陳。

我曾於SBS電視台發現這個電視節目《我家孩子不一樣了》，這個節目的宗旨是「父母改變，孩子才會改變」。孩子出現問題絕對有原因，其大部分都跟父母的養育態度有關。所以，此節目想表達的是「父母不一樣了」，父母應改變自己的生活習慣、養育態度及心態。

它的概念與另一個節目《世界上沒有壞狗狗》相似，有問題的是狗主人，不是狗。因此，育兒問題發生的原因與孩子無關，而與養育孩子的父母關係密切。有哪個父母不希望孩子好好地長大成人？

但是，光靠父母的熱情絕不能栽培出好孩子，最重要的是找到適合孩子的方法。再好的育兒方法，若不考量孩子的個性及環境，仍然無用。以下建議提供給陷入混亂的亞凜：

1.每個育兒書的觀點都不同

喜歡喝咖啡的人都知道一個常識：「一天最好不要喝超過三杯咖啡」，因為喝到第二或第三杯會超過一天的咖啡因攝取量。

但過沒多久，美國哈佛大學公共保健學系研究所公開了以二十萬餘名男女為對象進行三十年的研究，結果發現每天喝三到五杯咖啡的人，其壽命比完全不喝咖啡的人長三到七年，除了減少心臟病、帕金森氏症、成人糖尿病及腦出血等重大疾病的罹患率，並且也降低了自殺率。

你覺得一天喝幾杯咖啡對身體有益？答案在你身上。同理可證，你必須制定原則，考量子女的性格與成長環境，堅持原則。

還記得伊索寓言裡的烏鴉故事嗎？烏鴉想成為動物之王，所以把其他鳥類的羽毛各一根插在自己的身上。一剛開始，大家看到烏鴉華麗的樣貌，覺得驚呆了，但事後發現那是自己的羽毛，便從烏鴉的身上拔回來，烏鴉最終顯露自己最真實的窮酸樣。

媽媽將育兒書上的方法全部套用於孩子身上，宛如一隻插滿各種鳥類羽毛的烏鴉，漸漸失去方向，不知道該如何是好。

因此，首要做的事情是和丈夫（或妻子）一起討論子女教育，討論內容包括：想要成為什麼樣的父母、子女性格為何、如何栽培子女等等，這樣下來，父母與子女兩邊不會陷入資訊爆炸的混亂。

然後，也試著問子女：「智禹希望媽媽成為哪一種媽媽？」屆時孩子會回答：「會聽我說話陪我玩的媽媽」、「不會說『不行』的媽媽」、「做很多好吃的給我的媽媽」、「陪我一起玩企鵝遊戲和玩偶遊戲的媽媽」顯現孩子各式各樣的需求。所以，應該先往子女希望的父母樣貌發展，並於其中找到共同的一條路。

2. 先愛意，後訓誡

親子教育與親子關係的第一要素絕對是「共鳴」。保有原則，透過愛與發揮共鳴，溫柔地指導孩子前往目的地，這是父母角色功能之一。

訓誡雖然同樣很重要，但訓誡的前提是須與孩子累積一定的情感。不分青紅皂白，僅針對壞習慣指責孩子，父母在子女的心中會是一個令人畏懼的對象。一不小心，容易產生反效果，破壞親子之間的關係。

孩子們有著不讓關愛自己的人失望的本能，所以給予訓誡的人若能與孩子擁有安定的情感關係，訓誡效果會更好。孩子需要的是媽媽，不是老師。

3. 偶爾輸給子女

教育子女既是本能，又充滿著情感，不像個計算機，按一按就有答案。若子女表現出努力的一面，做為獎賞，就假裝輸給子女吧！

「今天玩藍精靈村（手機遊戲），智禹又贏了。媽媽果然很不擅長玩骰子遊戲。」、「智禹今天想穿黃色衣服啊！那就穿吧！下次想穿什麼，記得在媽媽拿好衣服前先說。」

即使大腦無法理解，也請認同孩子的意見及情感。若只以理性回應孩子，他們會感到失落。

4.用「什麼」代替「為什麼」

心理學家們表示不能對孩子使用「為什麼」這個詞彙。因為當句子中加入了「為什麼」，時常表示有「不希望事實是這樣」的負面情緒存在。

其實，「為什麼」一詞帶給人的感覺是「追究」、「要回答對方想要的答案」、「不希望事情這樣子發生」，簡言之，當詢問為什麼的時候，等同於「答案已經定好了，你只需要回答我要的答案！）」心中早有答案。

「你為什麼喜歡它？」當有人問這句話的時候，你覺得他是單純想知道原因嗎？也很有可能存在「它有什麼好值得喜歡？」的負面含義，因此，一個良好詢問方式是「智禹喜歡什麼啊？」、「你覺得怎麼做比較好啊？」

新手父母最常犯的錯誤是「如何管理孩子？」換句話說，常常把焦點放在養育子女的「方法」。但育兒最重要的一點不是「方法」，是「態度」。

許多父母太過於集中孩子的早期教育，未能了解子女的性格，無條件要求子女學習。但孩子不是父母的所有物，父母應重新深思孩子觀看自己的視角與態度。

CHAPTER 3

不是這樣的，我不是這麼想的

「好的」、「好唷」和「好！」不一樣

以通訊代替說話的世代

比家人更常見面、有著與家人相同影響力的人，無非是公司裡的同事們。每天不免俗一定會碰面，和他們聊天可能是你一整天的活力來源，也很有可能是你的壓力來源。尤其現在韓國職場文化正處於變化階段，公司內部階級間的衝突越來越嚴重。

由現代的通訊軟體文化便能看出端倪。傳訊時，你會區分「好的」、「好唷」和「好！」[3]這三種用法嗎？上班族之間有一個玩笑話，他們說「好的」過於生澀；「好唷」又過於淘氣，所以大家一致決定使用「好！」簡短的一個字，也要透過尾音的不同，表現出不同的語調，可見大多數的上班族都以通訊軟體與文字簡訊系統溝通交流。

四十中旬的慶日於有名的大型醫院工作，雖然醫院有工作專用的PC通訊系統，可是年輕一輩的職員們更常使用「KakaoTalk」[4]。慶日每次跟二十幾歲的同事們使用KakaoTalk傳訊息，時常會有疑惑：

組員1：「組長～要用一案還是二案？」

慶日：「一案好了。」

組員1：「（沒回）」

另一種情形，如下：

組員2：「組長」

3. 三者原文為「네」、「넹」、「넵」，差異為語氣不同。「네」是標準用語；「넹」尾音為「ng」帶溫柔的語氣；「넵」尾音是「P」的音，有強調意味。

4. 韓國主流通訊軟體。

組員2：「昨天說過的日程表問題」

組員2：「我重新整理了」

組員2：「請您過目」

組員2：「日程表.txt」

這次是跟組員3的對話：

慶日：「下次小心一點，別再出錯了。」

組員3：「好的（哭臉）對不起（大哭）我會做得更好的（微笑）」

得到答案後就消失的組員1、每一秒傳一則訊息的組員2，以及使用各種表情符號的組員3，以慶日的標準，這幾個組員的表現都似乎太輕浮了，但如果因為這種事而指責他們又顯得自己像個「老扣扣」，只好悶在心裡不說。

「文字對話」的優缺點

說到溝通兩個字，你會想到什麼？應該是人與人之間面對面吧！面對面溝通的優點是可以看著對方的表情說話，容易掌握對方的意思與想法，但需要特意花時間約對方見面，並將專注力放在對方身上。

電話也是典型的溝通手段之一，相較於面對面溝通，所花的時間與精力較少，可以輕鬆地與對方交換意見。但是電話溝通看不見對方的表情，對對方的意思與想法的掌握也有限。

公司內部的溝通手段有社內簡訊軟體與電子郵件。透過公司內部的簡訊軟體交流，不僅能快速找到相關業務負責人員，又能公私分離。不過，內部系統不適用於外部的合作商或顧客，須個別聯絡。然而，電子郵件的優點是能夠一次發信給多個對象，還有寄件備份等功能。但若遇到緊急事件，電子郵件的溝通速度不夠快。

那，使用KakaoTalk這類的通訊軟體，好嗎？不管跟誰都能快速聯絡，還能使用語音訊息，並且透過影像通話與各種表情符號等功能，其聊天室的水準不亞於過去電腦版的通訊軟體，能夠使用文字和語音傳達訊息。

根據WiseApp網站的調查，二〇一八年第二季度國內每月KakaoTalk使用者約為四千三百五十七萬名，大韓民國總人口數為五千一百八十萬名，比例高達百分之八十四。

因此便產生了以KakaoTalk替代公司簡訊系統的現象。一個簡單的指示任務，上司不必再特地發一封郵件，改藉由KakaoTalk就可以直接傳送檔案及工作內容了。

由此可知，團體業務溝通的連結性提高，文書及影像檔案資料可以輕鬆分享給各個組員，而且不用面對面或通話，減少一點溝通負擔，對於智慧型手機使用者而言，這是最熟悉且便利的溝通方式。

不過，俗話說：有太陽的地方就會有影子。當職場與家庭區分的界線越來越模糊，其缺點是人們會每天不斷地注意手機上的訊息。藉此，曾有人提議擬定「下班後禁止KakaoTalk法」。還有，公司內部機密洩漏的相關新聞層出不窮，甚至有報導說通訊軟體的發達是造成「電話恐慌症（call phobia）」患者增加的首因。

Call phobia，中文為電話恐慌症或電話心悸症。電話（call）加上恐慌症（phobia）的病狀不單純是逃避講電話的行為，在電話聲響時或接通電話前會出現不必要的緊張，嚴重者還會故意不接電話。

此現象發生在二、三十歲的年輕人為居多，依輿論調查ARS，二、三十歲的受訪者其中有百分之一的人看到手機顯示陌生電話會產生心悸而刻意不接電話，因為電話溝通是他們不常接觸的即時回應方式。

現在年輕人長期習慣使用文字溝通，突然要他們打電話，於通話前，他們的腦中會不斷浮現各種想法。尤其通話行為本來就給人一種負擔感，加上他們直接面對面說話的經驗大幅減少，其溝通能力實在堪憂。此外，現在很多公司與團體皆使用通訊軟體交代或討論業務，這樣還能想出什麼有創意的好主意嗎？

電影《金牌特務》有一句經典名言：「禮儀成就不凡的人。」這句話同樣適用於職場生活。由於使用通訊軟體交代工作業務的現象越加頻繁，現已歸納出幾項必須遵守的「公司內部傳訊的禮儀」。

雖然不是明訂的規則，但每個人對文字記號（如：ㄎㄎ、ㄏㄏ、ㄒㄒ）或表情符號（如：^^、-.-）的解讀不同，可能會產生不必要的誤會。所以。一位剛出社會的新鮮人若不想冒犯他人或做出失禮的行為，請記住以下幾項原則：

1.別在清晨或半夜發訊息

能在上班時間發訊聯繫對方是最好的，但總免不了會需要在非上班時間聯絡。這時候最好不要在早上八點前或晚上八點後，也請避免在用餐時間發訊，尊重他人的個人生活。

假設有急事需要處理，請改用電話溝通。若對方為上司，可以事先傳訊問：「現在方便講電話嗎？」讓對方有時間準備接電話。若非緊急事件，請利用電子郵件聯絡。

2.使用文字記號或表情符號要符合情況

與上司傳訊息，該使用文字記號或表情符號嗎？還是不要使用？這沒有一個正確答案。最好的判斷方式是看上司是否使用文字記號或表情符號。

另外，須根據情況使用。例如：「今天辛苦了。」簡單回一個字：「嗯。」似乎過於冷酷，改用「謝謝，幸好有前輩的帶領，事情才能順利結束。」或「嗯^^（微笑）」搭配表情符號更好。

文字記號或表情符號應要有畫龍點睛的效果，假設正在談論工作的時候，使用文字記號「ㄎㄎ」或「ㄏㄏ」給人不正經的印象，所以必須掌握文字脈絡，再決定是否使用。

3.留意拼字和標點符號

請留意拼字、標點符號及語法。錯字給人的印象是不謹慎、沒誠意；語法錯誤則會減低專業形象。不久之前，我傳訊息給一位職場前輩，原本要對他說：「謝謝您的費心照顧。」卻不小心誤打成：「謝謝您特別不為我費心。」嚇死我了。錯誤的標點符號或語法亦有可能會造成對方理解錯誤，帶給對方不愉快。特別是在溝通工作上的內容時，文字傳達必須正確。

4.已讀後一定要回覆

有些人因為通訊軟體具有已讀功能，很討厭跟上司傳訊。請切記：如果你點開訊息了，絕對不能「已讀不回」。明明未讀數字1[5]消失了，對方卻沒有回應，心裡會很在意；相反地，未讀數字1遲遲未消失，心裡又會猜疑對方是否故意不讀，產生不必要的誤會。所以，建議點開訊息，簡單地回覆幾個字。

5.避免在群組談論私事

不適於群組全員的貼文、提問或回覆，應個別私下進行，減少造成群組其他成員的影響，假如因與我無關的事情，聊天室提醒聲不斷發出聲響，不僅帶來噪音，又會覺得尷尬，不知道該不該點開已讀。

另外，根據情況適時給予一點基本的回應（如：好、是的）。別擔心「別人都回，如果我沒回，沒關係嗎？」；也不要因為沒人回應你而傷心難過。但當大家都對某個提問或意見都不回應的時候，為了避免尷尬，還是需要有人站出來回覆比較好。

6.KakaoTalk是私人空間？還是公共空間？

你認為通訊軟體的大頭照與狀態消息屬於公共空間，還是私人空間？當一

5. KakaoTalk的未讀顯示為數字，當數字減少或消失時，代表對方或群組成員已讀的意思。

個私人通訊軟體變成公司內部的通訊系統，確實會增添公共的意味。因此，認為是公共空間的人會不斷更新大頭照，以及管理自己的狀態消息；認為是私人空間的人則會將通訊軟體當作親朋好友聯繫的工具而已。

而有些上司會很在意員工的大頭照與狀態消息，如部長看見員工的狀態消息寫「心冷」，會問她：「跟男朋友分手了嗎？」或者寫道：「好想離開，我是誰，你在哪？」結果被組長叫去約談。於個人空間，無論寫些什麼應屬個人自由，但現在KakaoTalk成為韓國大眾通訊軟體，做為公司內部的通訊系統，還是必須留意自己的大頭照與狀態消息。

你還在跟那個男朋友交往？

很容易踩人底線但卻非常熱情的「宣傳組洪班長」

宣傳組的敏靜常常聽到別人稱讚她熱情，每當有人出現困難時，她總是搶先一步站出來幫忙，所以她的綽號為「宣傳組洪班長」[6]。

幾個月前，公司各部門的辦公室位置乾坤大挪移，設計組移到了宣傳組旁邊。設計組裡有一位比敏靜小五歲的允智。允智很愛在公司講自己跟男朋友的事情，雖然平時多為炫耀，但偶爾也會說一些情侶之間的吵架，於是設計組的同事對允智的戀愛史瞭如指掌。

6. 源自於韓國電影《洪班長》。男主角是一位能解決任何事情的萬事通。是一部因幫助女主角解決困境而互相產生好感的愛情喜劇片。

宣傳組與設計組的辦公桌相近，敏靜與允智因此以最快的速度熟識，每天在公司如同姊妹，形影不離。

允智：「這是我男友慶祝跳槽成功，送我的皮夾。」

敏靜：「是喔？跳槽去哪裡？」

允智：「○○企劃公司。總之，他為了買皮夾送我，特地去百貨公司……」

敏靜：「○○企劃公司？那間公司不是很小嗎？他之前那一間公司不是也不怎麼樣？」

允智：「嗯？」

敏靜：「你的條件這麼好，應該要跟更好的男人交往啊！我是把你當作親妹妹，所以才會跟你說。」

在那之後，允智開始與敏靜保持距離。敏靜說：「我是真心把她當家人，擔心她，所以才說那些話的。我是不是不該跟她說這個？」

我們不是別人

職場如同一家百貨公司，裡面裝載各種不同性格愛好的人。我認為不錯的東西，其他人可能會覺得討厭或奇怪。因此，我們應要知曉「大家都是不同的個體」，並保持適當的距離。

但能夠保持適當距離的人能有多少？大概幾根手指頭就能算得出來。我們常會不自覺干涉他人、參與意見、控制對方，以及為他人下定論。有些人會反省自己似乎「過火了」，但也有些人不知道自己習慣的講話方式是造成對方關上心房的原因。

敏靜這種個性的人最常說的話是：「我們是陌生人嗎？」、「我們是一家人。」藉以「假家人」的身分，關心職場同事的私生活，如個性、喜好、戀愛史，以及家庭關係。他們常會為自己辯解：「畢竟我比她早幾年出社會，吸取的經驗較多，所以想多照顧她一點。為什麼她不懂我的好意？」

緊接著，允智哪裡出了問題？英國首相柴契爾夫人曾說：「如果你需要向眾人宣告：『我擁有這樣的權力。』代表其實你根本沒有這樣的權力。」彷彿有錢人不會刻意告知大家自己擁有多少財富，而是由行為顯露自己的所有物。職場不是一個「自我炫耀」的地方，私事在私人聚會裡找個好時機講講就好。

We're a team, not a family.

不知道大家能否接受這件事：職場同事不等於家人，家裡的人才是家人。領英公司（LinkedIn）的創始人里德．霍夫曼說：「沒有所謂如家般的公司」影片串流平臺網站NetFlix亦表示：「We're a team, not a family.（我們是一個團隊，不是家人）」。

職場是一個以創造收益、達成共同目標而聚集的地方。在職場上，只需要談論工作，偶爾在聚餐場合裡互相鼓勵，慰勞彼此的辛勞，大吃一頓就好。

當然，如果職場上有很多像敏靜這樣的同事，工作起來會特別溫馨。他們不僅熱情又活力充沛，還能為團體增添一些蓬勃朝氣。而且別人不願意去做的事情，他們都會先站出來接下工作。還有，他們會事先想到提醒同事們注意該注意的地方，預防失誤發生。

儘管如此，善意的建言也很有可能讓對方的心情變糟。況且越是親近，越需要遵守界線，愛建議別人或多管閒事的行為是剝奪他人選擇權的元凶，須切記。下列為因過度親切導致關係破壞的經典案例：

第一階段：愛建議別人

A：「彩賢，你打算何時生小孩？」

B：「嗯，順其自然吧！」

A：「既然結了婚，就該生孩子啊！你打算生幾個？一個？兩個？」

B：「嗯，還沒有具體的計劃耶！」

A：「現代社會最大的問題就是你們這些年輕夫妻不想生小孩，這樣要如何增產報國？」

B：「嗯，我打算慢慢考慮。」

A：「既然要生，就早點生，高齡產婦不僅產婦辛苦，孩子也很辛苦。我就是太晚生了……」

既不是很重要的話題，聽者也不是很想談論，可是話者卻一直圍繞在這個話題上，於話者的立場是認為自己在為對方著想，然而對方其實一點也不感激，反倒覺得上火。

打著把你當作家人看待的名號，和對方說：「今天臉色怎麼這樣？發生什麼事了嗎？」、「你該去染個頭髮了吧！現在這樣看起來很老。」、「你頭髮也太多，該去修剪了吧！現在這樣顯得你臉更大。」你無意說的話，其實已經干涉到他人的隱私。

說者無心，聽者有意，你說的任何一句話都可能是造成對方心裡受傷的兇手，在他心中留下一生不可抹滅的傷痕，所以不要隨意亂給人建議或干涉他人。

第二階段：控制對方

A：「我朋友找我去他公司上班，我好猶豫，到底要不要去？」

B：「這麼突然？」

A：「嗯，我們是大學好友，跟他一起工作好像也不錯。」

B：「道延，我以前也跟朋友工作過，所以我知道，這真的不是一件很好的事。朋友和同事，關係大不同，你們在一起工作後，彼此關係一定會變差。」

A：「應該不會吧！我們都認識那麼多年了。」

B：「怎麼不會。我體會過，相信我，到時候你跟朋友的關係不僅變差，還得不得不主動先辭職。走著瞧吧！如果不像我說的那樣，我就跟你姓。」

A：「也不至於這樣吧……」

上述案例已超越建議或干涉的範圍，B顯露出自己想要控制對方的慾望。自認是對另一方的關心與愛意，實際上是以「我的話是對的」的方式誘導對方至特定方向。

舉例來說，他們的表達方式多為「我一看就知道了。」、「我比你多待幾年，會比你了解。」、「不信你去問問其他人，他們一定會說我說得對。」隱約藏有自己比對方高一階的意思，不自覺表露出「我是為你好才說的，你應該要照我說的去做。」的意圖。

前不久，與熟識的前後輩們一同吃晚餐的宇靜點了韓式排骨，又加了一碗韓式冷麵。當宇靜看著冷麵一定會出現的食材「小黃瓜」，說著：「我不吃小黃瓜」時，在座其他人紛紛指責她：「那麼好吃的東西，為什麼不吃？」、「不行挑食！」

你有聽過「討厭小黃瓜的同好會『厭瓜會』」嗎？現在這個粉絲專頁的追蹤人數已超過十萬名，加入的成員們各自分享自己為什麼討厭小黃瓜的故事，並附上小黃瓜的惡搞圖。其實，他們討厭的不是「小黃瓜」本體，而是那些不尊重個人飲食喜好的人。每個人都有選擇自己喜歡吃什麼的權利，所以創立這個粉絲專頁的宗旨是為了對抗這個不尊重個人喜好的社會風氣。

十個人就會有十種不同的興趣

「猶太教公會」是以色列古時的審判機構。若法官一致通過某一法案或判決，這個法案或判決將被視為無效，或者延期再審。反之，若此判決有人持反對意見，則為有效判決。原因是他們認為大家一致認同的判決是錯的，或者是沒有人願意站出來說真話。假設你是屬於愛管閒事類型的人，請先接受這一事實：每個人的想法是不同的，請尊重他人的選擇喜好。

除此之外，請別隨意建議他人，不要輕易判斷是好是壞，除非對方希望你提供意見。假設對方說一句話，你就要插一句，對方永遠無法說完他的想法；再者，想幫他找到解決辦法，希望他可以「這樣做，那樣做」的慾望很有可能演變成輕視對方，促使彼此的關係連結消失，漸漸身邊的好友將一一離你而去。

今天的我又心碎滿地

每個上班族都會得過一次的病

美英溫順又很聽上司的話，無論拜託她做什麼事，她都會說：「好！好！」但最近她開始懷疑這樣的自己，尤其是當很愛詆毀別人的組長一直找她的碴，不斷拿她的外貌開玩笑。

組長不僅會在組員們面前毫不猶豫地笑美英：「這傢伙最近胖很多耶！看看那肚子肉。」又說：「脫掉衣服之後，裡面應該全是肥肉吧！」覺得實在荒唐的美英，對組長怒喊：「組長，你看過我脫光的樣子嗎？你到底為什麼要這樣對我？」怒火直升，忍無可忍。

組長每次和美英碰面都會叫她去減肥，因為組長，美英的神經嚴重衰退，心情總是很不安，導致工作不順，只想逃避現實。去醫院看診，醫生的診斷為：「相思病（上司病）[7]」。

「咦？我墜入愛河了嗎？」

「不是，我說的是職場上司造成的病，稱作上司病。」

上兩句話是楊慶秀作家《失語症：討厭工作症》一書裡出現過的對話。

職場生活裡，上班族何時最覺得受傷？根據韓國就業網站JobKorea的調查，第一名為「受到上司與同事們人身攻擊的時候」。除了自己，其他人的薪資都調漲的時候，或是聽到別人說自己壞話的時候，都不及受到他人對自己做人身攻擊的時候來得受傷。

而女性職員回答人身攻擊的比率大於男性。也許是因為女性長期因社會刻板印象，促使她們感到無力；或是因為社會階級問題，女性在職場裡無法抒解心中的憤怒與壓力。

所謂的人身攻擊是什麼？人身攻擊係指針對他人想要隱藏的身體缺陷，如外貌、臉部五官、做事風格、興趣及個人技等，拿出來說嘴的行為。透過以下案例，能夠更容易理解何謂人身攻擊。

人身攻擊1：外貌批評

吳科長總是呆呆的，每天都笑著說：「好的東西就是好的」，至今不知道自己的綽號是「窮酸男」。結婚前，非常在意外貌打扮的他，結婚後不知道是不是因為妻子不幫他打理，大家都在背後說他「穿著很糟」、「比一個人生活的樣子更可憐。」

確實，吳科長在結婚後比較少打扮了。每天要從天安到利川來回上下班，往返四小時的通勤實在令人厭倦，於是穿著也越來越簡便，但不至於穿著運動服

7. 韓文的「相思」和「上司」是同音字。

上班。今天部長在一群人面前斥責他：「自從你結婚後，是不是太不在意外貌了？你老婆都不幫你準備嗎？」部長的話對他造成一大衝擊。

人身攻擊2：藐視與斥責

「招募一位工讀生果然是對的。你這麼笨，是怎麼畢業的？」

振浩一遞上報告，坐在前面的科長就劈哩啪啦地大罵，都還沒好好看過報告書，一收到就先罵：「都出社會多久了，工作還做成這樣！」即使科長有告訴振浩做不好的原因，但都不正確指出報告哪裡需要改，而一味地否認振浩。那晚，振浩一邊抱怨他的上司，一邊喝酒，喝得爛醉如泥。

另一邊則是在建設公司上班的林科長。林科長不久前離婚了，申請調遷到其他工地上班。與他一起共事的部長不斷在人背後說他壞話：「會鬧到離婚，一定是他的個性太挑剔。我真希望能跟個性較圓滑的同事一起工作。」林科長聽到此番話，工作意志全部消沉。

像這類的人身攻擊通常不是針對對方工作上的疏失或問題，而是指責或嘲笑對方的外貌特徵。仔細想想，假設你一早就聽到或受到他人的無視、攻擊、指責，你還有辦法好好做事嗎？

攻擊者常利用對方的日常行為或說話方式來貶低與責罵對方，將他人的小缺陷或身體特徵做為笑柄，以外貌為例，他們會幫人取綽號為「花生」、「哈比人」、「小豬」或「進擊的巨人」等，對聽者而言，不甚愉快的字眼。而這些人卻藉由取綽號，從中獲得快樂。

或許他們認為這是彼此之間親密的表現，但越界之後，很有可能變成人身攻擊。又或者他們其實是想利用玩笑話來貶低他人，抬高自己的地位。

而且他們也喜歡說反話激怒別人，例如：他們看見工作早早結束的同事，會說：「那傢伙這麼快就做完了？瘋了嗎？」對工作速度較慢的同事，則會說：「你是蝸牛嗎？做事慢吞吞的。」他們明明只需根據對方工作速度的快慢，給予稱讚或指責，但卻故意把話講得很難聽，製造對方的不愉快。像這一類的表達方式也是一種不知「三思而後行」，想到什麼就說什麼的說話習慣。

不指責批評的上司就是好上司嗎？

該要有的忠告與指責仍有其必要性。舉例來說，一位農夫在田裡養泥鰍時，若在其中一邊的田裡全養泥鰍；另一邊則同時養泥鰍與鯰魚，最後會發生什麼事呢？答案是同時養鯰魚的田裡，泥鰍會長得更肥美，因為這些肥美的泥鰍生怕自己被鯰魚抓來吃，所以時時刻刻保持良好的健康狀態，一直游來游去。由於活動量大，覓食量更大，當然也就長得更健壯。

人類生活在團體之中，同樣需要保持適當的緊張、刺激與危機意識，發展應變能力，避免自己在刺激的競爭當中落後。

再者，於上司的立場，他們不喜歡不努力工作的員工，不能信任一而再再而三犯相同錯誤的後輩。因此，他們利用言語來表達感慨的心情。無論是科長、組長或一般職員，每個人都有自己的角色，並需堅守角色應有的風範，所以底下員工若於工作上犯了錯，上位者則必須針對錯誤指出問題點，要求改正。

如果你認為只說好話，不說壞話是美德，那大可不行。若上位者不管員工做得是好是壞，是在放縱錯誤的發生，也是個逃避組織責任的行為。

因此，最重要的是上司訓誡部下的方式。一般大部分的新進職員一定都想倚賴上司，跟著上司學習如何成熟地處理公事，希望能擁有不亞於上司的工作能力。可是，如果上司不針對工作犯錯之處說教，而是針對個人弱點或態度人身攻擊，誰會想跟著他學習工作？

這些人身攻擊的上司們經常未能發現事情嚴重性的原因有二：第一，他們設想不到自己帶給他人多少壓力。倘若他們能換位思考，想像跟一個與自己類似的夥伴工作，也一定會一直想著辭職吧！

第二，他們覺得這是「不在他人背後捅刀」的個性，所以應當深受其他人的喜愛。因為他們一有不滿就會馬上說，故認為自己的個性很果斷。可是在別人的心臟上捅刀後，再說一些如「我都是為了你好」的鬼話，反而會形成對方的二次傷害。

建議未來，批判過去

該如何分辨指責與人身攻擊？兩者的共同點是聽者當下的心情都會變差，差異則是在於冷靜思考過後，指責是我真的該改正的部分；人身攻擊則是越想越覺得不對，受到屈辱的感覺。

「以你這種實力，畢得了業嗎？」

「別想著可以自己解決，任何事都先問過我再做。」

「你有哪件事是做得好的？我不放心交給你做。」

聽到這些藐視自己的言語，有哪個員工會聽話照上司的意思改正？如一句成語所說：「適得其反」。越講員工的心房鎖得越緊，也會盡可能逃避與上司對話。如果你是一位上司，應考量每一位組員的特性，將他們獨有的個性與能力發揮至最協調的狀態。

既然如此，如果員工辦事不力的時候，上司應如何給予忠告或建言？

1.針對當事人的行為，非個性或態度

當然一定要以事實（fact）為根據評判，唯有如此，當事人至少會想到「我自己有做錯的地方，針對這個部分我可以虛心接受指教」。

你可以說「繳交期限過了，請問現在的狀況是什麼？你遲交的話，會帶給其他人麻煩的。」而別說「你做事總是慢吞吞，你有哪件事做好過？」

2.確實地讓對方明白自己的錯誤

攻擊性的表達方式會傷到對方的心情，更不易取得想要的結果。所以改用「你覺得這部分哪裡有錯？」代替「連這都不會嗎？」用「你有準備便條紙嗎？

下次記得寫下來。」代替「你是金魚腦嗎？昨天才說過，現在就忘了。」還有，請避免說出「你知道什麼？」之類的話，改為「如果不懂我說的，不要當作沒事，直接當場問。」

3.提出正確的方向或對策

班傑明．富蘭克林曾說：「只會批評、指責和抱怨的人某一種程度可以說是傻子，因為大部分的傻子都這麼做。」所以，當你批評或指責完，最好提出具建設性的提議或對策。

試著以「如果你能改善這個部分的缺點會更好。」代替「我不放心把事情交代給你做。」世間上沒有人是完美的，也不會有人只有缺點沒有優點。雖然他看起來能力不是非常好，但還是該相信他，看他的優點，這樣底下的員工也會更奮發向上，不是嗎？

4.做好事後管理

假設你是上司，對員工們的指責，是為了提高工作的生產與效率等成果。如果你希望獲得想要的成果，就必須在指責後提出具體的實施方針。你必須事先制定標準，讓員工們依照標準工作，例如：該避免的注意事項、禁止行為及作業流程處理方式等。

除此之外，若能與員工一同建立必要資源提供等約定方案、討論成果檢測及酬勞給予方式的話，會更好。雖然上司指出不對的地方是必須的，但若少了適當的報酬，底下員工容易受挫，也容易消磨工作熱忱。找出員工們的過人之處並幫助他們發揮地更好，才是明理的上司風範。

致在某處說我壞話的你

隔牆有耳

志元是一位廣告撰稿企劃人，他最近在辦公室裡如坐針氈。原因是他不小心讓一位熟識的前輩抓到他在取笑他，被他取笑的前輩好似深感背叛。這是一場偶發事件。前輩為了確認廣告方案去了設計組，與設計師一同看電腦螢幕上的稿件時，螢幕上突然跳出訊息。

KakaoTalk：「前輩每次都招攬其他組的業務進來。」KakaoTalk：「在公司裡裝好人……很煩。」KakaoTalk：「其實，我一開始就不是很喜歡他的人品。」

以上是志元傳給設計師的個人訊息。雖然設計師趕緊把訊息窗關掉，但一切都來不及了。一小時後，前輩叫志元去找他：

前輩：「你到處說我壞話嗎？」

志元：「蛤？」

不知發生什麼事的志元，連話都不敢說。直到聽完前輩來龍去脈的陳述後，擺出不知所措的表情：

志元：「前輩，不是，不是那樣的……」

前輩：「那是怎樣？」

志元：「您有所誤會，我說的不是這個意思……」

前輩：「所以你是說你沒有錯囉？」

志元：「……」

西元前一五五〇年的人類也愛「背後說別人壞話」

二〇一八年，一位職場媽媽A小姐向她的公司同事提起訴訟。有位曾一起共事的同事造謠：「A小姐為了找尋兒子的爸爸是誰，做了親子鑑定。」不久，此謠言迅速傳開，讓A小姐在公司裡沒有臉抬起頭工作。

在人背後說這種嚴重的壞話，你覺得受害者還能好過嗎？「背後說人壞話」是一種在背後聊別人是非的行為。其實，大家一定都曾在多人聚會上對不在場的某一個人說他的壞話。

這樣的行為早在人類誕生的同時就已存在。考古學家在埃及的象形文字中發現約莫在西元前一五五〇年，某位奴役在其他地方說他主人的壞話，傳開後，被他的主人得知，於是主人提出一個預防他人在背後說人壞話的方法。而且，韓國有一俗諺說：「即使是皇帝，人還是會在他不在的地方辱罵他。」代表在人類生存的地方，免不了有負面傳聞或謠言。

某一就業網站以二十到四十歲的男女上班族為對象，共收集了一千零二十三名，調查「上班族說別人壞話的態樣」，調查結果顯示上班族一天花說人壞話平均為三十分鐘的人佔百分之三十四點二；三十分鐘至一小時佔百分之二十六點一；一至二小時佔百分之十八點五，完全不講人壞話的僅佔了百分之十二。

上述的調查數據已排除故意散播造謠的部分。另外，以職業層面觀察，行政事務人員多於生產技術人員；性別層面，女性聊天的時間長於男性，不過卻沒有年齡上的差異。

說壞話的對象，第一名當然是最令人討厭煩躁的組織文化；第二名是有問題的上司；第三名是讓人操心的同事或後輩。而他們講完別人的壞話後，感受是：「得到安慰（百分之三十點七）」、「空虛（百分之二十八）」、「更煩躁（百分之二十三點四）」、「痛快（百分之九點六）」等。

藉由八卦「解壓」的人們

為什麼人們喜歡講別人的事情？第一個主要的原因是他們想要藉由八卦「釋放情緒與減少壓力」。他們因上司的性格或工作處理模式等而產生壓力，卻基於各種理由，無法好好與上司溝通，於是累積成壓力，只好利用講八卦的方式解壓。如〈國王長著驢耳朵〉這篇希臘寓言故事裡的理髮師，想說而不能說的壓力過度累積之後，終究爆發了。

「他要我出主意，我出了，他卻一點反應都沒有。如果覺得不怎麼樣，至少可以給點建議或方向，或者具體講述哪裡不好，這才是對出主意的人應有的基本禮貌不是嗎？還有，先指派一項工作要我做，做到一半又叫我不要做，換另一項，所以我前面所做的一切都是假的嗎？想怎樣？白費我的工夫，真的很火冒三丈耶！」

「我們組新來一位代理和科長，兩位的性格都很暴躁，你不知道我有多心累。自己不順心的時候就向職員們發脾氣，進行毫無意義的約談。還有科長，很愛無預警地說公司要聚餐，如果有員工說不能去，還會馬上生氣。」

「上層的派系問題，害我很為難。本部長要我去一趟交易所，而偏偏理事這邊的事情正在忙，如果照本部長的話去做，理事會不開心；如果要配合理事，本部長又會冷嘲熱諷地說我只聽理事的話。明明是他們倆的鬥爭，為什麼要牽涉我，讓我成了犧牲羊。」

你是站在我這邊的，對吧？

第二個原因是「他們想要獲取情感上的支持，以及與人形成親密感」。當某個人覺得很累、受到工作上的委屈時，他需要以說別人的壞話換取情感上的支持與認同，例如：「李科長是不是過度偏愛她了？工作應該平均分配，為什麼都只丟給我們做，像話嗎？曉熙，你覺得呢？」

特別是從事事務、管理與營業相關職務的職員，因需團隊合作，所以更容易遇到組織文化或職場上司的問題，造成他們壓力過大。此時，他們會希望從其他了解自己處境的同事或後輩身上得取慰藉。如同大家與戀人分手的時候，會再找新的戀情換取安慰，他們也需要有人幫忙安撫，因為想獲得他人慰藉是人的本能。

除此之外，透過批判特定的對象來維持兩人之間的親密與契合度更是表露出人類的原貌，打著「這是我們之間的秘密」名號，聊別人的負面傳聞，創造我們是同一陣線的假象。

日本心理學者涉谷昌三曾分析過：「喜歡講八卦謠言者通常是想要受人稱讚的人。」這句話引發眾人共鳴。

有一位醫生每到午休時間都在講八卦，不僅會談論同一家醫院的同事，也會講在其他醫院工作的朋友，如他們的戀愛史、喝酒的壞習慣等等。大家一起吃飯或喝酒時，八卦總是很好的話題，所以每次吃飯的時候都會有很多人找他一起。他享受這般人氣，於是更加勤奮挖掘其他人不可告人的一面。看到這位醫生的模樣，不禁讓人思索自卑感的根源究竟在哪。或許他們是想要得到自己優於其他同事或上司的認同，所以才會透過八卦行為牽制和貶低他人吧。

五個可以理直氣壯講人壞話的方法

回到志元的案例，他遇到的是一個性格與做事風格都不合的上司，因壓力關係，確實有可能在背後說上司的壞話或是罵他。況且忍氣吞聲太久，容易得心病，需要適當的發洩。就算一心想著「他人就是這樣，我要忍耐」仍有一定底線，該如何解決這般鬱悶的心情？以下介紹幾個方法：

1. 把「背地說壞話」改為「當面直話直說」

如果對方是可以溝通的對象，請誠實對他說吧！事出有因，其中必有解決方法，向對方攤開來講，即能解開心結。

雖然背後說別人壞話有助於解壓，卻不能解決問題。可是遭遇到不當及不合理的事情又不可能一直忍著不說，所以在批判的時候需要有對策與合理的根據。而且，將衝突搬上檯面是改善團隊內部問題的機會，也能促進組織成長。

這時，就會需要另外安排單獨見面。你可以約他喝咖啡或吃飯，講述自己對於現況的立場與難處。若在其他人同時在場的地方當面斥責上司，他可能會覺得自己被拆臺、感到受傷，故而無法進行合理性的思考，引起情緒化的反應。

2. 把焦點放在解決問題，不是減緩情感

如果沒有勇氣跟上司說，那就換個思考方向，想像自己會如何解決這個問

題也是不錯的方法，例如以「我該如何解決？」代替「為什麼只安排給我那麼多工作？」以「往後發生類似的事情，我該如何應付？」代替「為什麼不問我就先發脾氣？」將焦點放在如何解決問題。

3.區分不滿與人身攻擊

「裝好人」、「不喜歡他的人品」等話與工作無關，屬於人身攻擊的範圍。所以志元確實說錯話了，他應該針對事情而批判。但，像這樣的情況是我們經常會犯的錯誤。

例如一位二十歲的年輕人談論人生，會被人說：「小孩能懂什麼，不懂還裝懂，你有倚靠自己的力量生活過嗎？」而女性們談到兵役問題，則被男性批評：「女生沒當過兵，能懂什麼？」又或是男性提及生育問題時，會被譏笑：「男生沒生過小孩，怎麼會知道？」這都不是在對他人的言行提出反對意見，而在指責說話者本人。

倘若聽者對說話者帶有負面的認知，兩人之間的溝通對話將無法好好解決問題，最終會因負面情感引發爭吵。

4.正式道歉

請真心地對自己做錯的地方道歉：「我錯了，下次會小心的。」如果句句都在為自己的錯誤辯解、忽悠，或逃避，就不是一個大人該有的樣子了。大人應為自己的行為負起責任，盡可能快速的真心道歉。

「前輩，對不起，是我想法短淺了。遇到困難時應該要跟您說，但我卻沒這麼做，真的非常抱歉。」

鄭重道歉後，也要向對方約定不再發生同樣的錯誤。宗教領袖史蒂夫．萊德曾在國小二年級的課堂上說：

「你們還是國小生，離大學考試還很遠，但是你們已經懂得最困難的言語是什麼了，就是『對不起』和『請原諒我』。」

5.在公司裡，說別人壞話要節制

假設你真的很想跟有相同處境的同事互相訴苦，那就必須好好保守秘密，韓國有一句諺語說：「白天說的話鳥兒會聽見；晚上說的話老鼠會聽見。」意思是這個世界上沒有永遠的秘密。不知道這個壞話的箭靶何時會反射到自己。

當人年紀越大，越容易說別人的壞話，因為他們覺得自己懂的比別人更多，也遭遇過很不好的經驗。可是沒有人會想跟一個愛說別人壞話的人長期相處。一開始，大家可能會因為好玩或是想要獲得一些情報而圍繞在這些人的身邊，然而久而久之，大家會開始知道這個人都在做這種事，會逐漸遠離他，不僅形象會變差，也會被那些你說壞話的受害者討厭，很難繼續待在公司裡面。

負面消息傳播的速度比正面消息快四倍。如果訴苦對象是公司同事，建議這些有關公司的不滿要挑選即使離開公司仍會繼續聯絡的同事、像家人一般站在你這邊的同事、能夠守口如瓶的同事，或是可以信任的同事訴苦。

另外，小心不要讓這些話傳出去。說出去的話宛如被吹散的蒲公英種子，會一下子飛到各地，很容易傳到當事者的耳裡。

在職場上總有一些人會對這個人說那個人的壞話，對那個人說這個人的壞話，最後真相大白後，他變成一個大家「不能相信」的人，自毀名聲。而且，如果你跟很愛說別人壞話的人走得太近，你也會被誤會是一個會說別人壞話的人。

一樣米養百樣人，如果只結交合得來的上司或同事，往後的社會生活搞不好會更辛苦。因此，我們需要擁有智慧，不越軌、有節制地說話。

韓國地不大，想要知道什麼，和同一個領域工作的人切磋個幾下便可得知。雖然捧誰讓誰升遷的事情不是人人都能做得到，但講上司的壞話人人都會。若是碰觸他人的自尊心或洩漏該遵守的秘密，很容易在工作上被捅刀，所以不管是醒是睡，都得小心說話。

是，無條件「YES」

人體自動回答機器

上班剛滿一年的材勝在公司裡被稱為Yes Man。一般人嫌煩、嫌辛苦的差事他都接，業務分工不明的工作也好，週日登山聚會也好，無論什麼事，他都不會拒絕，無條件說Yes。

雖然同事們都說他是「好人」，但他本人卻很焦心。自己明明有要趕緊處理的事情，可是只要同事或上司一拜託他，他又無法拒絕。新的工作不斷湧上，辦公桌上永遠是滿滿的待辦事項。

但當自己有很多個迫在眉睫的工作要處理，或者工作量過於龐大以致無法一人應付的時候，他也不敢向其他人請求協助，自己一個人感到手足無措，非常慌張。同樣的情形不斷重蹈覆轍，導致這些同事不僅不懂得感謝他，還會催促他趕緊把交代的事情辦完。

另一邊，在室內裝潢設計公司上班的鄭慧妍組長不久前在喝酒聚會上聽到後輩對自己看似牢騷的抱怨，像：「換了組長後，事情變更多了。」、「更常加班了。」等等。

近期客戶突然要求更改設計，於是全部組員連續加了三天班。在這途中，鄭組長又接到另一個新企劃的檢討工作。

「工作量太大了，沒辦法立刻完成。」

「這是我們之前未討論過的變動，請再給我一些時間。」

以上兩句話對鄭組長而言，實在說不出口。自己心裡明明想著：「這有點難辦到。」可是一旦事情發落下來，她又無法拒絕。結果自己後悔「我為什麼會這樣？不行就說不行啊！為什麼我說不出口」，並自責「我的個性就是這樣，還能怎麼辦」。

沒意見，無條件接受

Yes Man的概念可分為兩種：第一，肯定的Yes，其反義詞是否定的No。一部由金·凱瑞主演的電影《沒問題先生》，劇中主角卡爾艾倫是一位從事借貸諮商工作且凡事都說No的人。經由朋友的勸誘，他決定加入「人生逆轉的自立企劃」，透過企劃，他的人生有一百八十度的轉變。此企劃的宗旨是「肯定思考喚醒幸運」，於是他決定凡事都要無條件說「Yes」，帶著「無論如何我都能做到」的信念，進行挑戰。

電影裡的「Yes」是關於自己與他人的認知，以及面對世界的態度，抱持著負面想法的人通常會以「No」，即「不行、不可能」的角度看待事情，所以該電影的目的是希望這些負面想法的人可以擁有「Yes」的態度，即「是，我可以！我能做到！」

另一種Yes Man的概念是在團隊裡順應上司或公司的指示，無條件說「Yes」的員工。不反駁上司，隱藏自己的意見，大聲喊「Yes」對上司表現出忠誠心。這種員工的特徵有二：一，不懂得拒絕他人；二，不會向上司提出其他意見。

他們的責任心強，無論如何都會做好上司派給他們的任務，在上司們眼裡是一個順從的忠臣。他們會乖乖聽上司或老闆的意見、按照上司所說的話去做，這樣的員工於老闆的立場是很大的安慰。

可是，不懂拒絕、自我招攬過多的工作量、無法積極說出自己的見解，這些特徵容易被視為沒想法或能力不足的人。當還是一個社會新鮮人或基層員工的時候，自己一個人承受過量的工作不太會造成其他人的麻煩，可是當職位越高，Yes Man的特質會帶給底下員工超量工作的副作用。由上述案例得知，材勝自己接受超量的工作可以「自我解決」，但換作是一個團隊，那過量的工作則會成為「所有團員的負擔」。

七成的上班族說：「我們公司有Yes Man。」

到底公司裡Yes Man佔比為多少？以「貴公司是否有會無條件配合上司指示的Yes Man？」為題進行問卷調查，結果顯示有七成的上班族回答：「有。」而且Yes Man的級別大部分為「科長」。

很有趣的一點是，這些無條件對上司說「Yes」的人，對底下員工則是「No Man」。因此，問卷中有一題是：這些Yes Man對底下員工同樣會無條件說Yes嗎？百分之七十六點七的應答者回否。這樣的現象可以反映出韓國社會的文化觀念：面對權位高的上司，既然反映給上司也沒用，那就順從吧！或者認為順從上司是應要做的美德。

所以，這些人不懂拒絕的原因是什麼？想想看，假如你答應某人的請求會有什麼好處？

●不會產生拒絕他人的不適感

● 表示自己有能力幫助別人

● 減少關係變得尷尬的可能性

反過來思考，其實是害怕拒絕對方後會被對方視為壞人、無能的人，或者擔心彼此的關係破裂。心理學將不懂拒絕的性格解釋為「對拋棄的恐懼」。若我拒絕對方，對方就會討厭我、排擠我，並與我斷絕關係。但如果我接受他的請託，他會認為我是「好人」，自我陷進「好人的角色扮演。」

接受對方請託的那一刻彷彿自己是一個善良之人，光芒萬丈，並感受自己是有能力做好一切的人。這樣的人很在意別人怎麼看待自己，很努力想把每件事做到最好，但其實自己的內心狀態是擔心害怕「遭受拒絕」與「失敗」。

這類恐懼之中，他們最害怕的是有人討厭自己或被人批評無能。在真正拒絕對方之前先產生拒絕後會被對方討厭的想法，最後變成拒絕不了他人。因此，無論對方拜託他們做什麼，都只會回「Yes」。

Yes Man的優缺點

我們再進一步思考，若一個團隊裡出現Yes Man，其優點為何？

- 默默聽上司的意見，照著上司的意思去做，可以獲得上司的寵愛與好評。
- 影響身邊的人，讓他們產生正面能量：面對前輩、上司或客戶的需求，以「Yes」代替「但是」或「很難說」等負面回應，有助於改善氣氛，並帶來正面能量。
- 擁有更多的機會與資源，有助於提高自己做事的權限。

那，缺點是？

- 只要是上司的判斷，永遠是對的。如果上司或老闆過分自信，帶領公司走向錯誤的方向，這時員工卻無法向上司提出反對意見，有害團隊經營。

●不斷接受各式各樣的工作請託，所以無法將時間精力集中在同一地方。分散精神做事，反倒會搞砸重要的事，讓公司陷入困境。

●加班加到週末，卻不能展現出好成果，很有可能會被視為辦事不力、無能的員工，不利於調薪或續聘。

假如Yes Man在公司裡可以被視為好人，並受到團隊認可，則無太大問題。然而，當公司遇到重要關頭或面臨銷售狀況突然大幅下滑的危機時，老闆需要的是一個無條件站在同一陣線的Yes Man，還是，偶爾會對他說「No」的No Man？只懂得按照老闆指示去做的Yes Man不能主動於第一時間提供解決方案；相反地，No Man則能判斷老闆的決定是否對公司有幫助，以各種數據分析和調查為根據，進行合理的反對意見，提供好的對策。因此，No Man對老闆確實更有幫助。

總而言之，當你要說「Yes」的時候不須接受對方提出的所有條件，應考量自身狀況再做決定。Yes Man會覺得自己的好意對他人是有意義、有價值的，所以他們會接受對方提出的任何要求，但在上司眼裡，這樣的行為反倒認為他們是沒有想法或自我意識的人。

結果Yes Man可能會被認為沒有主人翁意識或問題意識，甚至會被批評是無能的人。除此之外，「你說好就好」這樣優柔寡斷的態度容易自招不當的事情發生，或者，明明認為是不對的事情，但因自己不懂得適時地表達意見，造成自己被不斷地工作壓榨。

不能頂嘴的文化

韓國社會裡，有幾個人是可以隨口說出反對意見、冷淡拒絕上司或同事，還能在公司裡有好日子過的？不懂拒絕真的只是個人問題嗎？如果真是這樣，你身邊的親朋好友裡不懂拒絕的人也太多了吧！他們明明都有自己的意見，卻個性消極、看人臉色，或是陷進角色扮演裡，要說這都是個人問題，有點說不過去。

老實說，Yes Man會誕生的原因有一部分來自於韓國傳統社會文化。我們從小被教導說不能跟長輩頂嘴，這是不禮貌的行為。所以，即使你不認同長輩的意見，也不准頂嘴，應無條件服從長輩說的話。因此，小時候會說「好」的乖孩子長大後，大部分也都會是只懂得說「好」的乖巧大人。

而且，在職場上能發現那些服從上司的員工比起會反對上司的員工更能擁有一個安穩平靜的職場生活。若挺身而出，講述自己的不同看法，反有可能遭受同事們的排擠或上司的報復。因此，大部分的人不能坦蕩說出：「我的想法不一樣。」、「很抱歉，我覺得不該這樣做。」

客服中心「掛電話的權利」

現在韓國社會風氣逐漸在改變。就以客服中心「掛電話的權利」為例，這是過往無法想像的事情。除了幾個大型企業公司的客服中心，如：WEMAKEPRICE（韓國網購平台，二〇一七年七月跟進）、E-Mart（韓國大型超市，二〇一七年三月跟進）和韓國現代卡（韓國信用卡公司，二〇一六年跟進）之外，京畿高陽市與慶南昌源市的自治團體人民申訴中心也於二〇一七年根據「人民惡意申訴對應指南」賦予客服人員有權先向施行語言暴力的申訴者掛電話。語言暴力包括：粗暴語、髒話及性騷擾等，當客服人員「正式」向客戶方警告後，他們將擁有權利保障，可以先掛電話而不受罰。

以前的韓國服務業處於「乙方」地位，不能先向客戶說「不」。現在，法律正式賦予他們拒絕客戶的權利。此舉明顯看出韓國社會逐漸對拒絕的觀念有所改善。自從「掛電話的權利」實施後，以韓國現代卡公司為例，二〇一六年每月打來亂鬧的客服電話平均有三百件，而到了二〇一七年，件數減少六成以上，並且百分之五十三的客服人員表示壓力明顯減低。

所以，我們能不能不要再當Yes Man，改做No Man了？下列提供幾項委婉拒絕的要領方法：

1.回應請託之前先思考：「這件事一定要由我來做嗎？還是，其他人也可以幫忙？」

團隊裡總有一些業務分化不清的工作，如：影印、列印、準備公司聚餐、打電話、寄發送或點餐等，但這些事不一定要由你做，誰做都可以。假設你正在處理重要業務，這些事會妨害你順利完成業務。

你待在公司不是為了處理公司的任何大小事，公司也不會對你有這樣的期待，能取代你的人永遠都在。如果你一直忙於正事外的事情，會讓你無法好好在期限內完成本來該做的業務，或者促使自己必須把原要在公司做的工作帶回家處理。因此，你需要區分哪些是必須要由你完成的工作、由你做較好但非一定需要你做的工作，以及不由你來做也沒關係的工作，依照重要性安排優先順序後，再回覆他人的請求是「Yes」或「No」。你可以這樣說：

「很抱歉，我下午四點要繳交結算報告，下次再幫你，好嗎？」

「手邊工作結束後再幫你處理，可以嗎？」

2.若是不方便馬上拒絕，要請求對方給予思考時間

偶爾當你無法判斷對方的請託是何種程度，或是不確定是否除了你之外沒人可以幫忙，還是接受請求也不會對自己的工作造成妨害，又或者對方是真心希望由我幫助他時，可以向對方說：「請讓我想一下，今天之內答覆你。」請求對方給予思考時間。

不過，思考時間別太久。對方也有自己的規劃，所以請盡量以最短的時間決定拒絕或接受。如果對方誤以為你會答應，結果過了兩三天卻被拒絕，這樣很有可能會給對方帶來很大的損害。

3.如果不是你能幫的忙，請當場拒絕

時不時會有人拜託一些與金錢相關或拜託介紹工作職位等無理或破壞原則

的事情，這時候最好當場拒絕，並說清楚。委婉或不明確的答覆很有可能讓對方誤以為你答應了。通常會來向你提出無理要求的人都不是很重視你，因為真心珍惜你的人不會向你提出無理要求。

4.假設你想對上司的指示說「No」，要先掌握上司的性格

如果你對上司的指示說「No」並提出合理的根據與對策，上司會接受嗎？答案有兩種：有些上司會；有些上司不會。

假設員工拒絕自己的指示或提出其他意見時，威權主義的上司會產生「膽敢違抗我」的想法；心胸寬廣的上司則認為「還有這種方法啊！」另外，自尊心強的上司如果遇到底下員工跟自己有不同想法，或者提出自己沒能想到的方法，則會有種「我輸給底下員工」的自卑，自尊心大大受挫。因此，我們需要根據上司的性格，婉約提出反論，譬如：面對威權主義的上司，先回答「是」，嘗試實行一段時間後再回報：「組長，我照您說的做了以後，但好像不太行。」

若是自尊心強的上司，最明智的做法是別在全員到場時直接提出其他意見。待會議結束之後，另外單獨對上司說：「組長，我覺得這樣做應該更好。」即使你的上司是一位明事理、心胸寬闊的人，若在他人面前一直備受反對、心情受挫，仍會造成他情緒大於理智。因此，當上司已經生氣或發脾氣的時候，請不要再繼續主張自我意見，因為當人的情緒上漲時，很難理性思考。於是，請等一段時間後或上司已經消氣後，再小心地靠近他說：「試著這樣做一次看看，好不好？」

假如你是一個從未對上司或長輩提出的要求持不同意見或反對的人，對你而言，拒絕需要一大勇氣，必須要有被討厭的勇氣。「拒絕」跟「生氣」一樣，需要練習，第一次拒絕的時候，或許會過度攻擊對方，或是過度自我卑微。

但別擔心，就像不曾生過氣的人首次發脾氣的時候也會控制不好自己的情緒，會因為一點點小事就很敏感，或是像小孩似地鬧脾氣。但慢慢一次兩次，自然就能學會如何調節情緒了。因此，一開始試著拒絕他人的時候，可能會一不小心對他人太過冷淡，或者很卑微地不斷向對方說抱歉。拒絕他人幾次之後，就能開始懂得調節拒絕他人的力道，自然就學會要領了。

覺得討厭就說討厭，覺得辛苦就說辛苦，想要有這樣的表達能力需要訓練，也是需要培養的一種習慣。如果你在職場裡花費很多時間在討好別人，內心卻產生「踢被子[8]」的心情，代表你需要學習拒絕的技巧了。

8. 形容在做了讓自己丟臉或後悔的事情後，所產生五味雜陳的心情。

我是一個各方面都無能的人

終結語尾[9]不見了

某一部電視劇中曾出現以下臺詞：「你都不知道自己的價值，我們怎能認同你的價值？」要先從結論開始說起嗎？結論就是如果你都不在意自己，他人怎會在意你。

崔浩鎮個性親切和藹、謙虛有禮、有韌性，工作能力也不差。但是他應徵大學母校的正式教職員三次了，通通落榜。他以為第一次面試會落選是因為自己太緊張，導致沒能好好講完；第二次面試落選的原因則是回答面試官的問題時太

9. 在韓國文法中，終結語尾代表句子的結束。所以，沒有終結語尾表示話還沒說完。

偏題了；最後一次落選的原因是他沒有展現出自己對工作的信心。總歸一句，他落選的原因是過度緊張、過度謙虛的口吻，以及他平常說話不明確的習慣。

面試官：「你覺得我們學校未來的競爭對手是哪一所大學？」

浩鎮：「我不是很確定，但在我看來，如果要展現江蘇大學的優勢的話……」

面試官：「請說一下你曾經在工作中獲取最大的成就是？」

浩鎮：「雖然我沒有特別擅長的，但我做得還算不錯的是……」

所以，他過於懦弱的語氣和說話不明確的習慣是導致落選的主因。而一個人若想要把自己的想法好好說完，就要先對自己說話的內容有信心、有把握，因為說話不明確代表自己也不確定自己內心的想法。

除此之外，懦弱的語氣來自於自認能力不足。你都不覺得你有能力了，上司又該如何認可你的能力呢？浩鎮陷入絕望，於是跟一位熟識的前輩訴苦：

浩鎮：「我好像沒能做好自己分內該做的事，總覺得自己哪裡做得不足，要走的路還很遠。我都長這麼大了，為什麼還找不到自己的重心？雖然我也很想在能力所及範圍自己解決問題，但我仍有許多該學習的地方。」

前輩：「你一定也有做得很好的事情，你覺得有些什麼呢？」

浩鎮：「是嗎？雖然我沒有什麼優於他人的強項，不過我很擅長聽取他人意見，上面指派給我的工作都能辦好。所以你說，我是不是該找協助方面的工作？因為我很聽話。我自己知道自己哪裡不足，所以我從不質疑對方：『為什麼這麼說？』並且認為『我應該要聽他的話』，因為『他會這麼說一定有他的理由』。這樣的我，有什麼事能做得好？」

他在會議中，常以「我是這麼想的，不知道大家覺得如何……」或「不是我有多厲害，但你覺得這個如何？」做為開頭，對聽者而言，只會給人留下負面的印象。

像是那些急性子的同事們總以「既然你沒什麼意見，這件事就算了吧！」的方式藐視浩鎮的存在，或當面斥責他：「你說的像話嗎？」我剛見到浩鎮的時候，也因他說話的習慣以為他是一個工作能力差的人。可是我到浩鎮工作一年的公司和他的上司聊過之後，結果竟與我原先的印象相反。

「浩鎮啊！他做事乾淨俐落。因為是約聘人員，所以我沒有交代他太多工作。只是剛好突然來急件，請他過來幫忙，因為要請他利用EXCEL計算統整公司的月薪制度，以為會花很久時間，結果他隔天就交初稿給我了，而且內容非常精細準確，嚇了我一跳。」

其他公司同事也說浩鎮是「想要一起當正職的夥伴」。很意外地，浩鎮對自己的評價與身邊朋友對他的評價差距甚大。一般而言，我們都是誇大自己為多，他卻是相反。

溝通理論裡「弱者的語言」

像浩鎮這樣說話不清不楚的原因是什麼？其最大的原因是缺乏自信。因為他擔心、害怕對方如何看待自己、解讀自己說過的話。

在溝通理論裡相對於「強者的語言」，也有「弱者的語言」。一個人會習慣使用弱者的語言，其身邊一定有人在使用強者的語言，導致弱者那一方總是看人臉色，說話畏畏縮縮、不清不楚的。

還有一個原因是說話技巧不足。由於自己無法整理大腦思緒及完整表達，明明都有主語和目的語了，然而最重要的敘述語卻消失了[10]。有可能是因為本人不知道該如何整理歸納自己說話的內容，或單純只是他說話的習慣罷了。

另外，有一個很有趣的現象：通常一個人說話不清不楚，跟手勢語言有很

10. 韓語句型架構為「主語＋目的語＋敘述語」。敘述語由動詞或形容詞加上終結語尾組成。

大的關係。手勢有著視覺效果，容易被對方一眼看穿，因此，想要改正說話的習慣，先要停止倚賴手勢，例如：

- 語尾飄忽不定，以微笑帶過
- 觀察別人的臉色
- 無故摸著鼻子、嘴巴或耳朵
- 撩頭髮
- 迴避視線或轉頭

省略結尾或以懦弱口吻方式說話的習慣不僅無法向對方明確傳達自我的想法、意圖，更有可能造成對方產生誤會，例如：「很難說耶！外聘講師不一定都是好的。」聽者無法確切分辨你認為外聘講師是「不好」還是「好」。

適當的謙虛才是謙虛

浩鎮的說話習慣不限於一般會議，他在接受上司裁決的時候，同樣會說「我覺得我很努力了，不知道您怎麼想……」或「雖然還有很多不足之處，不知您是否還滿意？」將自己的成就價值降到最低。

接受上司指派任務的時候：「不足的我能勝任這項重責大任嗎？」表示焦躁不安。面對上司的稱讚：「還有其他人比我厲害，我只是做好該做的事情而已。」、「我沒特別做什麼，都多虧大家幫忙，事情才順利完成。」表示自己是微薄之力沒什麼，擺出尷尬不自在的表情，顧左右而言他。

當然，謙虛是美德。但謙虛有一定的標準，若讓聽者感到尷尬或不舒服，那就不是謙虛了。懦弱的口吻不代表謙虛，反而是自我不足的表現。習慣性地把姿態放得太低，就會讓人無法分清楚你到底是自信心不足，還是在展現禮貌？

如果連上司、同事對你的成就與努力讚美你時，你都表示：「沒什麼啦！」、「跟大家做得差不多」不接受別人的好意，就不是一個謙虛的表現了，而且它會讓你被其他人認定是一個工作能力不足、不能堅守自我崗位的人。

生於韓國社會，我們從小被告知謙虛是美德，做人應該懂得謙虛。因此，大部分的韓國人習慣放低姿態。可是，現在是自我PR（自我行銷）時代，我們應該努力展現自己，維持及發展友好的人際關係。

努力工作，就要積極告訴大家自己很努力，如果連自己都不宣傳自己，不會有人懂得你的價值，亦無法獲得公司的認同。你認為你不說，就會有人知道你的好？那只是你的錯覺。

浩鎮對於自己在面試時未能坦蕩表現出自我優勢而感到後悔：「在同一個地方面試三次，卻一次也未能展現出自己而落選。現在想起來，真可惜。雖然我不太會說一些自以為厲害的話，但我連自己的優點都沒能展現出來。」

參加升職面試或應徵面試者同樣會有這樣的悔恨。因此，別繼續在事後後悔，應於面試時努力主動證明自己的成就。自己不努力證明，鮮有上司會幫你證明。

選美比賽時常會問參賽者：「你覺得誰會得第一名？」過去認為謙虛是美德，所以每位參賽者的標準回答是：「我當然很希望自己拿到第一名，但我覺得是旁邊的十二號參賽者。」

而現在，你應理直氣壯地說：「我來參賽就是為了得第一，所以當然會是我得名。」或「我為了得第一做了很多準備，我相信我有這個資格。」

如果說話是內心的米粒，語氣則是盛裝米粒的碗。不會有人想要拿一個用破爛不堪的碗盛裝食物。所以若語氣的說話畏懦，即使內容說得再好，仍無法發揮它的真實價值。

如果我們否認自己擁有的才能，代表我們大概陷入了這該死的謙虛，但其實也有可能是在逃避責任。但每個人都擁有屬於自己的才能，我們應該要發揮才能，傳遞給其他人。

上述為作者黛娜・梅茨格說過的話。想拋棄懦弱的語言，理直氣壯地說話嗎？那要先做以下這幾件事：

1.確認自己平時使用的詞彙

假設過去自己無意間使用到以下這些表達方式，現在開始改正：

懦弱的表達

- 雖然沒什麼，但……／非要我說的話……
- 我沒特別做什麼。／這很一般。
- 雖然大家也是這麼想，但……／只是……而已。
- 雖然我只能做到這程度，但……／這沒什麼。
- 我還有很多不足之處。

理直氣壯的表達

- 我是這麼想的。
- 我的想法是這樣。
- 我可以的。請幫我補充這部分就好。
- 努力帶來這樣的好結果，果然努力不會背叛我。
- 以後我會更加努力的。

2.把話說完，一字一句表達出自我想法

改掉「很難說，它好像不錯……」換作「我是這麼想的。」完整表達句子。

3.長話短說

當文句越長，說話畏懦或不清楚的習慣就會越明顯。所以，要試著練習組織主語、目的語和敘述語完整的句子結構並長話短說，例如：「雖然我沒什麼特別擅長之處，但您願意的話，我努力試試看。」換成「是，我有信心能做好。」

自古以來，有一句話說：「能守護自己的才是真正的強大。」尊重與愛惜自己，他人才不會輕視你，你一定要好好表現自己。

您不跟我打招呼嗎？

離開面試現場外的模樣

銘浩從事企業顧問，不久之前擔任企業戶的新進職員面試官。他認為面試官的工作是幫面試者打分數，決定他們的去留，故應謹慎小心進行，但這同時也是非常榮耀的工作。面試者每五人一組，他需要觀察每組的討論過程並給予分數。

在銘浩看來，應徵者一致很有禮貌，很正經地打招呼、椅子與道具用完也會正確歸位，也會安安靜靜地離開面試場。個個皆像補過習，每個環節都照著學的方法應對。接近午後，一位公司內部的面試官自言自語：

「在面試現場都表現得非常得體，現實卻不是這副模樣啊！」

「嗯？您這是什麼意思？」

「啊！我的事務所位於一座三層高的大樓，我在二樓工作，新進職員則在一樓工作。明明一看就知道是兩位新進職員，他們在走廊見到我，連聲招呼都不打，也不低著頭避開視線，坦蕩經過而無視我的存在。」

聽到此話的另外一位面試官，很生氣地說：

「你就這樣放他們走？」

「這年代，如果因為打招呼說他們什麼，事情會變得不得了。」

「唉，真是的！」

通過面試剛進入公司的新進職員最常做什麼事？自我介紹和問候。剛進公司一個人都不認識，但不管看到誰都要好好打招呼是新進職員的宿命。一天打好幾次招呼，雖然看似不是什麼大事，不過如同長久以來的真理所言：「好的開始是成功的一半。」此舉必有存在的道理，打好基礎，離成功就不遠了。

此外，由上述案例得知，人們會因為小小一句的問候評斷這個人的禮節、家庭教育及人品。換句話說，只要做好問候行為就能被認定為有禮貌、品行好。可是，明知道這個道理，實際卻很難做得到。

「因為我個性害羞……」的辯解

長期觀察下來，不敢主動先打招呼的人通常個性害羞或內向。因為覺得尷尬，或是因為沒有笑著大聲打招呼的經驗，所以不習慣主動先向人打招呼。但是，對方不會知道你的個性，只能藉由行為評斷你的品行。而你不應為這種小事而被扣分，再說了，問候是最不用花錢，效果卻最棒的形象宣傳。

也許你會覺得問候不是什麼大事，但問候是社會生活的基礎。公司新進職員訓練的第一課就是到處去各處室打招呼。你可能以為別人不會發現，但其實都看在眼裡。累積多次，不僅影響大家對你的印象，同時有可能會讓自己陷於不利的狀況。檢視下列對話的同時，順道思考一下自己的問候方式。

「每次我到公司時，科長都不先和我打招呼，看著電腦螢幕假裝在忙。我先跟他說：『建英先生早！』他看也不看，只有點頭回：『嗯，早！』以後都要我先主動打招呼嗎？我是部長耶！很傷自尊心，心情很差。我也想過不要再跟他打招呼了。」

「我不管看見誰，年紀比我大或小，我都會先微笑打招呼。但不久前來了一個新人，我先向他打招呼，他卻不理我。心情有點不悅，但心想他應該是那天發生什麼不開心的事，就此不追究。可是一天兩天，漸漸發現他不僅不會先向人打招呼，跟人打招呼的時候也總先撇開視線。每次都先主動向他打招呼的我，不久前開始故意無視他，不跟他打招呼。他當下露出非常倉皇錯愕的表情。雖然他年紀比我小兩三歲，每次都是一副臭臉，根本不知道他心情是好是壞，但在那之後，不小心和他對到眼時，他竟然擺出心情非常不好的表情。我現在也開始很討厭他了。從未對打招呼或這種小事煩惱的我，最近很心煩氣躁。難道是因為我年紀大了，所以變得太敏感了嗎？」

「我星期一早上一進公司，心情就很低落。當我跟坐在我隔壁的科長打招呼時：『早安，科長。』他既不回我，還撇頭過去。我說了好幾次「早安」都不理我，最後我直接到他面前說：『○○○科長，早安。』他才終於理會我，是要我做到什麼程度他才甘心？」

你的問候方式是什麼？

許多人吐露自己在問候的時候遇到難關，並為此煩悶。在韓國，當一個人的職位或職銜越高，越認為對方先打招呼是理所當然，如果後輩不先打招呼，產生的想法是「好啊！看你哪時候才要跟我打招呼？」或「好啊！你不先跟我打招呼，我也不跟你打招呼。」還有一些職位高的人即使對方向他們打招呼，也會連回都不回直接走掉，或是毫無誠意地敷衍回應一下。

帶著威權意識的人會被說是「老扣扣」，因為問候不分職位高下，人人都可以主動先向別人打招呼。除了上司，一般同事、後輩，任何人都要養成「我先主動問好」的意識。不管是誰，大家都喜歡自己的存在被人認可。

假設後輩未先主動和你打招呼，不用胡思亂想「他是不是看不起我？」而是代表這個後輩的人性品格就是如此罷了。因此，我應先展現出標準的問候模範，輕輕地向他打聲招呼，或許他有天也會懂得主動和人打招呼了。這樣想對自己的精神健康較好。對方不先打招呼又如何？我自己問心無愧就行。

你的問候方式是什麼？下列測試你的問候方式：

- 你在職場上很享受先跟前後輩打招呼。（是／否）
- 你會先跟前輩打招呼，但後輩會等他先跟你打招呼。（是／否）

- 對方好像沒看到我的時候，就不跟他打招呼。（是／否）
- 對方會先主動跟我打招呼，但如果心情不好就會愛理不理或不理他。（是／否）
- 你會先向對方打招呼，但如果對方好像不理你，你就不會再跟他打招呼了。（是／否）

這裡再給個建議：打招呼的時候，要練習擺出一個開朗活潑的表情。無論到哪，初次見面問候的時候都響亮地出聲吧！練習六個月之後，會有所改變的。面帶笑容跟人打招呼，周遭的人對你的評價會漸漸變得越來越好。

《60 Trend 60 Chance》作者山姆．希爾曾說：「未來真正的競爭力是禮儀。」現今的社會風氣越來越重視禮儀，只要招呼做得好，就能獲得他人的好評。所以，以下來教大家「擁有好基礎」的職員應該如何遵守問候禮節：

1. 開朗地打招呼雖然很好，但也要視情況改變問候方式

民宰發現組長在走道上講電話，大步向前鞠躬喊：「組長，您好！」

民宰的招呼聲雖然很響亮，但上述的情況裡，這反而是問題。如果對方正在通話或開會，或者兩人是在餐廳或洗手間見到面，大聲打招呼可能造成失禮。這時候安靜地微笑點頭就可以了。

2.於一般狀況，大約彎腰十五至三十度問候

韓國的問候文化逐漸西化，所以很多職員們都站得挺挺的，微低頭或不低頭地說：「您好。」偶爾也會有一些後輩拍前輩的肩膀打招呼。但在韓國傳統文化中，雙目對眼，低頭彎腰問候才是正確的禮儀。

3.道歉的時候，鄭重彎腰四十五度鞠躬

尤其是道歉的時候，一定要慢慢低頭鞠躬，鄭重地問好。太快低頭無法讓人感受到真誠的反省與認錯，感覺是被強迫，不情不願的。

在公司裡做好問候禮節，大家對你的評價也會不一樣。認識你的人當然會懂你的好，但問候表現好，不曾一起共事過的同事也會評論這個人不錯。以後別再錯過時機，大膽地向人問好吧！別在意或擔心「如果我跟他問好，對方不理我該怎麼辦？」、「他會認得我嗎？」拿出勇氣表現出自己的積極吧！

多蘿西：「你不上車嗎？」

阿甘：「媽媽說不能隨便搭陌生人的車。」

多蘿西：「這是校車啊！」

阿甘：「我是阿甘。」

多蘿西：「我是多蘿西。」

阿甘：「現在起，我們不是陌生人了。」

以上臺詞為電影《阿甘正傳》的某一場面。阿甘說的話帶給人非常大的震撼。

一次的失誤就否定了全部

「靠好吃」、「扮不扮」、「殆盡爽」……這些是什麼意思？

彩英在職場上打滾了三年，知道很多流行語，大家都說她口才好。在公司裡，大家一起去吃午餐的時候也很享受聊各式各樣的話題。前輩們說她是「氣氛製造者」，覺得她可愛。某天要和客戶開會，到訪的客人送了有名的餅乾做為禮物。彩英吃了一口，說：

「天啊！這個也太靠好吃了！」

「銬……好吃？這什麼意思？」

彩英瞬間覺得不對勁。「靠好吃」是「搭配俗語形容食物好吃的最新流行語」，她不能在客戶面前實話實說。

大家都知道流行語「靠好吃」嗎？意思是超級好吃，是由韓文的「jon-mas」加上強調的「taeng」合成的詞彙。「jon」來自於俗語，表示加強形容，若要寫成英文的話，則為「JMT」。那，「突氛冷」又是什麼？它是「突然氣氛冷掉」的縮語，意指因某一個人的行為或言語導致氛圍冷場。如果你第一次聽到這些流行語，表示你可能年紀為四十歲以上，或者你是outsider（跟不上流行的人）。

以下再問大家，知道「扮不扮」是什麼意思嗎？意指「像似打扮，又不像有打扮的打扮」，藉由縮減文字而生成的流行語。說到「扮不扮」，它是深受男女喜愛的第一名時尚風格，可以看出現在的年輕（千禧）世代喜歡極簡風格。而它另一層的衍生義是想要暫時脫離這個萬變的競爭社會，追求簡單與安靜的環境。

隨時代改變，流行趨勢或流行語一下登場一下消失，反反覆覆。尤其是現在的流行語或新造語很多都是借用衍生義和縮減的方式生成，看得出時下年輕人的想法，特別有趣，如：「扮不扮」和「殆盡爽」（燃燒殆盡的爽感，衍生為把錢花光很爽）。

工作三年的彩英出生於一九九〇年代，亦是我們所謂的千禧世代。他們在成熟的數位文化成長，是引領第四次產業革命的社會棟樑。以下稍微簡述千禧世代的歷史。

一九八〇年至二〇〇〇年代出生的人稱為千禧世代，大部分都出生於三到四人建構的核心家庭。他們在輕鬆滿足慾望的家庭環境裡長大，獨佔父母的愛。因為在自律及允許的自由風氣下成長，他們重視高度的自尊心、自我成就，以及自我成長，個人主義強烈。

千禧世代進入社會後會發生什麼事？他們雖然很認真唸書，卻因為不安定的經濟因素導致就業困難，經歷挫折。好不容易通過面試成功就業，但無法保證他們這一生能夠安穩地在這裡工作。因此，他們不認為公司是應該無條件犧牲奉獻的地方，而是付出多少勞動獲得多少報酬的地方。

於是他們追求「工作與生活的平衡（Work-Life Balance）」，以及「小確幸」。當然這也是因為他們的認知是生活與工作必須同等受到尊重。

他們希望在公司裡建立自律與水平的人際關係，自由交流。針對不當或不合理的工作指示，他們會問：「我為什麼要做這件事？」不願聽「叫你做就做」的上命下從，而需要充分合理的解釋「意圖為何？該以什麼樣的方式執行？」他們會希望上位者詳細告知為什麼指派這項工作給他們，以及是否具有正當性。

語言反映趨勢

千禧世代跟隨數位文化一起成長，他們不再透過電視接受資訊，取代而之的是YouTube、Facebook、Instagram，以及Twitter取得第一手消息與新商品資訊。三星電子公司曾表示有七成的千禧世代使用他們家的商品。

他們透過社群平臺隨時表達出自我意見與想法，以及熟悉追蹤者即時給予的反應與關心。千禧世代重視的是「趣味與分享」。無論一起做些什麼，有趣最重要。他們不能忍受古板，但可以原諒他人做出毫無意義的言語及行為。這些社群平臺是他們可以一起快樂分享網路流行語與新造語的媒介。

他們習慣使用猶如芝麻般大的手機打字與人溝通，為求快速，他們藉由縮減字數，改用子母音或字母縮寫表達，或者混入一些俗語，例如：「他媽的費用（受到壓力而支出的費用）」，創造新的流行語和大家分享，享受其中的樂趣。

網路流行語中，有一些也會變成字典裡的詞彙，代表的詞彙有「吼」、「大發」、「讚啦」、「搞笑」等。至今，流行語的生成與使用仍不斷持續當中，未來將會對語言發展產生極大影響。

由此看來，流行語與新造語的出現可說是年輕人的遊戲，他們發揮活潑的創造力與豐富的詞彙能力，帶給大家歡樂。除此之外，如「殆盡爽」般的新造語說明他們雖然錢賺不多，但會花在自己身上並藉由取得滿足，顯露這個世代的特徵與消費取向。因此，流行語能夠反映當代的價值觀或文化。

說出去的話收不回來

幾年前，某個大企業的創辦人舉辦了一場迎新會。活動節目流程有一項遊戲是快問快答，其中一個參賽者須以給予的單字線索畫圖說明，另一個負責猜出正確答案。當時出題的單字是「乳酸[11]」和「物鏡[12]」。負責說明的那位參賽者畫了女性與男性的特殊身體部位，在數千名聚集的活動講台上展示疑似性騷擾的圖畫，透過大型布幕放映公開。這事件傳開擴散後，公司方辭退了出題者與畫圖者。

資遣職員的這件事，你們怎麼看？雖然他們有錯在先，但有至於要以解雇作為嚴厲懲罰嗎？還是，你們覺得有必要解雇他們？

心裡的某種想法，總有一天會禍從口出。從那位職員在全體新進人員聚集

11. 原韓文是「젖산」，韓文「젖」是乳房。
12. 原韓文是「대물렌즈」，韓文「대물」有意指男性陰莖的意思。

的場合裡不假思索地說出疑似性騷擾的話，便可以推測他平時的說話方式，更讓人訝異的是，他從不認為這樣的行為哪裡有問題。

平常私下隨意的言語與行為在卸下緊張的某刻會不自覺顯現，說話不僅是說話而已，說話是一個人的想法與哲學。將自己的想法從口中表達出來，便為說話。因此，修行自己的想法與哲學是一件很重要的事。

使用俗語表達彼此的親密，可以嗎？

陳浩州作為ＩＴ企業的管理幹部，很有親和力，非常容易和人打成一片。他常和職場的前後輩們稱兄道弟，不受拘束。但也就是因為這點，阻礙他升職的路途。最大的阻礙是他出社會後延續使用以前就學時期養成的俗語、流行語和新造語。

浩州認為參雜俗語的流行語是「我們之間親近的語言」，除喝酒場合之外，在日常生活也很常使用這類的詞彙。但他使用的這些詞彙對於科長級以上的上司來說，無法理解。

「組長，他說我們像是老掉牙的老人，讓我們好好待在房間裡，不要到處轉悠帶來民害。哼，真是的～這句話您怎麼想？」

「老掉牙」由「假牙」和「喀啦喀啦的聲音」合成的新造語，係指以老舊的方式與傳統觀念強調自我想法的中年人。聽到這樣的貶抑用語，對上司而言，已分不清楚自己身在公司還是家裡，更令人懷疑浩州的領導能力。

韓國就業網站JobKorea以上班族為對象進行「職場內部的世代差異」問卷調查，結果顯示百分之九十二點二的上班族有感受到世代差異，其中百分之四十一點三的應答者表示因世代差異造成工作效率降低，而最讓他們感受到世代差異的是「溝通方式」，佔了百分之五十三點二。彼此溝通時，彷彿活在不同的世界。

流行語與新造語可以被視為與人分享樂趣的新式言語文化，但它同時也讓世代間的溝通變得更加困難。特別是專屬某一階層的新造語，一不小心就變成世代間的「溝通障礙」，形成團體溝通的不良。

此外，這類的流行語會是助長性別、地區和世代的偏見，破壞和平相處的誘因，例如：「韓男蟲[13]」、「媽蟲（媽寶）」、「大醬女[14]」等貶低男性或女性的用語，或「秋刀魚乾」、「魟魚」等則為貶低特殊地區的用語，這些用語如上述提及的「老掉牙」一樣，被當作樂趣使用，不以為意。

更大的問題是他們將私下場合說的話延伸到職場，職場不像學校，是以個人能力工作賺錢的地方，而且也是一個重視團隊合作的地方，能獨自處理事情的範圍有限。

因此，在公司裡最重要的是明確的溝通與團隊語言，應使用世代間共同的語言，不該使用私底下常用的俗語、流行語和新造語。

統一團隊用語有助於促進團隊成員們的思考行動，並將其合而為一，扮演著非常重要的角色，因為我們會透過語言表達來得知這個團隊追求的方向或價值觀。因此，企業們有必要統一公司內部用語。

千萬別忘了，說話是習慣，而習慣會反映出內在的潛意識，你使用的言語代表你的價值，必須好好深思那句話的影響力，它會是你在團體中工作表現的評分要點之一。

13. 為韓國男人加上一個「蟲」字，貶低韓國男性。
14. 係指追逐外國高奢品牌或文化，過著充滿虛榮心的生活並失去自我的女性。

國家圖書館出版品預行編目資料

抱歉，當時不該這麼對你說：給每次說出口就後悔的你 / 朴民榮 著 -- 初版. -- 臺北市：平安文化, 2021.7 面 ;公分. -- (平安叢書 ; 第687種)(溝通句典 ; 52)

譯自：그때 그렇게 말해서 미안해
ISBN 978-986-5596-23-1(平裝)

192.32 110009454

平安叢書第0687種
溝通句典 52

抱歉，當時不該這麼對你說

給每次說出口就後悔的你

그때 그렇게 말해서 미안해

作　　者—朴民榮
譯　　者—陳彥樺
發 行 人—平　雲
出版發行—平安文化有限公司
台北市敦化北路120巷50號
電話◎02-27168888
郵撥帳號◎18420815號
皇冠出版社(香港)有限公司
香港銅鑼灣道180號百樂商業中心
19字樓1903室
電話◎2529-1778　傳真◎2527-0904
總 編 輯—龔橞甄
責任編輯—平　靜
美術設計—嚴昱琳
著作完成日期—2020年
初版一刷日期—2021年7月

法律顧問—王惠光律師

讀者服務傳真專線◎02-27150507
電腦編號◎342052
ISBN◎978-986-5596-23-1
Printed in Taiwan
本書定價◎新台幣380元/港幣127元